Tanja Wobig

Wenn die Bienen tanzen … Einblicke in die Welt der Honigbienen

Materialien und Kopiervorlagen
für das 3. und 4. Schuljahr

6. Auflage 2021
© by Auer Verlag
AAP Lehrerwelt GmbH, Augsburg
Alle Rechte vorbehalten
Das Werk und seine Teile sind urheberrechtlich geschützt. Jede Nutzung in anderen als den gesetzlich zugelassenen Fällen bedarf der vorherigen schriftlichen Einwilligung des Verlages. Hinweis zu § 52a UrhG: Weder das Werk noch seine Teile dürfen ohne eine solche Einwilligung eingescannt und in ein Netzwerk eingestellt werden. Dies gilt auch für Intranets von Schulen und sonstigen Bildungseinrichtungen.
Illustrationen: Petra Schumacher
Satz: Auer Buch + Medien GmbH, Donauwörth
Druck und Bindung: Druckerei Joh. Walch GmbH & Co. KG
ISBN 978-3-403-**03517**-6

www.auer-verlag.de

Inhalt

Einleitung

1. Die drei Bienenwesen

Begleitkommentar zu den Lernmaterialien 7
Wer summt denn da herum? 11
Steckbrief der Biene 12
Der Körperbau der Biene 13
Das Bienenvolk 14
Die Wohnung der Bienen 15
Die Königin ist die Mutter des Volkes 16
Vom Ei zur Biene 17
In 21 Tagen vom Ei zur Arbeiterin 18
So entsteht die Königin 19
Die Arbeiterin hat viel zu tun 20
Der Lebenslauf der Arbeitsbiene 21
Pauline will nicht fliegen 22
Wie alt werden Bienen? 23

2. Wabenbau

Begleitkommentar zu den Lernmaterialien 24
Biene oder Hummel – Wer baut geschickter? 26
Wir bauen eine Bienenzelle 27
So bauen die Bienen Waben 28
Wir basteln Kerzen aus Bienenwachs 29
Eine besondere Kerze aus Bienenwachs 30

3. Nahrungssuche und Bestäubung

Begleitkommentar zu den Lernmaterialien 31
Von Blüte zu Blüte 33
Die Höschen der Bienen 34
Was haben die Pflanzen von den Bienen? 35
Wir beobachten Bienen 36
Versuch mit unseren Bienenblumen 37
Von Blüte zu Blüte – Wir machen es den Bienen nach 37
Die Abenteuer der Biene Caroline 38

4. Verständigung der Bienen

Begleitkommentar zu den Lernmaterialien 39
Wie Bienen sich verständigen – Der Rundtanz 40
Wie Bienen sich verständigen – Der Schwänzeltanz 41

5. Honig

Begleitkommentar zu den Lernmaterialien ... 42
Aus Nektar wird Honig ... 44
Wie viel ist ein Glas Honig wert? ... 45
Wir testen Honigsorten ... 46
Der Bär und die Bienen ... 47
Honigrezepte ... 48
Honig – Speise der Götter ... 49

6. Verschiedenes rund um die Biene

Begleitkommentar zu den Lernmaterialien ... 50
Auf und davon – Wenn die Bienen schwärmen ... 52
Bienen und Wespen ... 53
Schon gewusst? ... 54
Autsch! Mich hat eine Biene gestochen! ... 55
Wir basteln ein Bienenmobile ... 56
Bienen-Kreuzworträtsel ... 57

Lösungen ... 58

Literaturverzeichnis ... 64

Einleitung

Wir können sie nicht streicheln und nicht mit ihnen reden wie mit einem Hund und dennoch faszinieren die Honigbienen mit ihrer hohen staatlichen Organisation zahlreiche Menschen. Diese Organisation im Bienenstaat zeigt uns in fast idealer Form, wie die Mitglieder eines Volkes zum allgemeinen Besten zusammenleben. Auch wenn wir nur Einblicke in die Welt der Bienen bekommen können, verdeutlichen sie, wie facetten- und erfolgreich diese Insekten sind, die nur eine winzige Gehirnmasse besitzen.
Die Honigbienen sind ein wichtiges Bindeglied im Naturhaushalt und auch für den wirtschaftlichen Nutzen der Menschen von Bedeutung:
Durch ihre Bestäubungstätigkeit steigern sie die Erträge zahlreicher Nutzpflanzen in der Landwirtschaft und sorgen bei vielen Wild- und Zierpflanzen für reichhaltigen Frucht- bzw. Samenansatz. Mit anderen blütenbesuchenden Insekten tragen die Honigbienen dazu bei, dass der Fortbestand und die Nahrungsgrundlage für andere Organismen gesichert sind. Besonders im Frühjahr sind die Bienen mit ihrer Bestäubungsarbeit unentbehrlich, denn zur Zeit der Obstblüte gibt es sie im Gegensatz zu anderen Insekten bereits in großer Anzahl. Der Bestäubungsnutzen der Biene (indirekter Nutzen) ist zehn Mal größer als der direkte Nutzen aus ihren Produkten.
Mit Hilfe dieses Buches sollen die Kinder für die Bienen sensibilisiert werden, die so wichtig für das Gleichgewicht der Natur sind. Viele Kinder kennen die Biene lediglich als ein Insekt, das Blüten befliegt, oder sie bringen es in Verbindung mit einem unangenehmen Insektenstich. Sie wissen aber oftmals weder etwas vom Nutzen der Bienen, noch von den Vorgängen, die in der Verborgenheit des Bienenstocks ablaufen. Da Kinder ihre Welt über viele Sinne erleben, werden die Schüler an vielen Stellen ganzheitlich angesprochen. Sie können experimentieren, beobachten, recherchieren und basteln. Es ist günstig, wenn das Thema Honigbiene in der Haupttrachtzeit (April bis Juli) erfolgt, damit die Kinder ausreichend Gelegenheit zum Beobachten haben. Spätestens sollte das Thema jedoch im September abgeschlossen sein, weil sich dann die Bienen langsam auf den Winter einstellen.
Das Buch ist umfassend, sodass eine komplette Behandlung aller sechs Kapitel kaum möglich ist. Es ist vielmehr als Ideenbörse gedacht, aus welcher der Lehrer schöpfen kann. Die Lernvoraussetzungen und die Wünsche der Kinder zum Thema sollten dabei berücksichtigt werden, um sie ernst zu nehmen und um Schwerpunkte zu setzen.

Die Themen der sechs Kapitel sind:

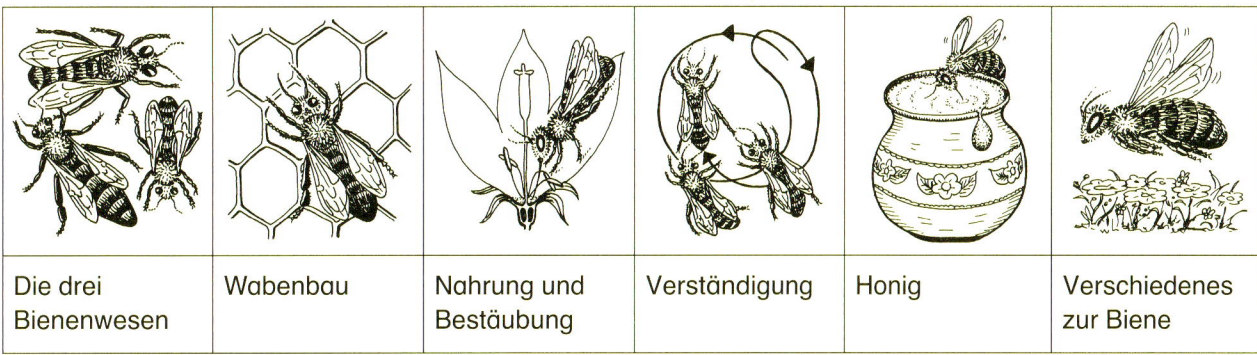

| Die drei Bienenwesen | Wabenbau | Nahrung und Bestäubung | Verständigung | Honig | Verschiedenes zur Biene |

Bei den Zusatzaufgaben handelt es sich um Denk- oder Recherchieraufgaben. Sie sind an der Seite mit einer Biene gekennzeichnet. Diese Aufträge bieten Differenzierungsmöglichkeiten und sollten von jenen Kindern gelöst werden, die mit ihren anderen Arbeiten bereits fertig sind. Die Ergebnisse aller Aufgaben können die Kinder selbstständig kontrollieren. Die Lösungen zu den Arbeitsblättern befinden sich am Ende des Buches auf Karteikarten. Diese kann der Lehrer kopieren, laminieren, zurechtschneiden und dann den Kindern in einem Karteikasten oder Ordner zur Verfügung stellen.

Mit Hilfe der Arbeitsblätter erfahren die Kinder zwar Ausschnitte aus der Wirklichkeit, doch durch einen Besuch beim Imker fügt sich erst aus verschiedenen Teilen ein Mosaik zusammen. Unmittelbares Erleben ist für den Lernprozess der Kinder besonders wichtig – vor Ort bekommen sie klare Einsichten und Größenvorstellungen: Sie sehen die Bienen in ihren Lebenszusammenhängen und erleben die Arbeiterinnen nicht isoliert wie bei den Beobachtungsaufgaben, sondern als eine Einheit im Stock. So können sie die geschäftigen Arbeiterinnen auf den Waben in Augenschein nehmen, schlüpfende Bienen beobachten und das Schauspiel zurückkommender Sammlerinnen am Flugloch verfolgen. Ein besonderes Erlebnis ist es für Kinder, wenn sie in dem Gewimmel von Bienen die Königin entdecken, die nur einmal in ihrem Leben (zum Hochzeitsflug) den Stock verlässt. Darüber hinaus werden die Kinder über verschiedene Sinne angesprochen: Sie riechen den spezifischen Geruch der Waben, des Honigs, die Dämpfe des mit Kräutern und Gräsern gefüllten Smokers und sie hören das beeindruckende Summen von mehreren tausend Bienen.

Vor dem Besuch sollten sich die Kinder jedoch unbedingt einige Fragen überlegen, die sie dem Imker stellen möchten, damit dieser sich nach den Interessen der Kinder richten kann. Ein möglicher Ansatzpunkt ist z. B. die Ausrüstung oder die Aufgaben eines Imkers im Jahresverlauf. Sinnvoll ist auch, wenn ein Kind zur Dokumentation Fotos macht. In der Schule können die Kinder ihre Recherche-Ergebnisse auf Postern, einer Rollzeitung oder in einem Buch dokumentieren. Vielleicht stellt ihnen der Imker sogar einige Utensilien für eine Ausstellung zur Verfügung.

1. Die drei Bienenwesen
Begleitkommentar zu den Lernmaterialien

Wer summt denn da herum?

Seite 11

Wenn sich das Thema „Bienen" nicht aus einer Situation oder aus dem ausdrücklichen Wunsch der Kinder ergeben hat, bietet dieses Gedicht einen möglichen Einstieg. Es beschreibt im kurzen Überblick einige Tätigkeiten der Arbeiterinnen.
Die Kinder lesen das Gedicht und beantworten die Frage. Es ist auch möglich, dass der Lehrer vorliest und die Kinder raten anschließend, um welches Tier es sich handelt. Nach dem Lesen bzw. dem Vortragen des Gedichtes sollte ein Gespräch folgen, in dem die Eigenschaften der Biene wiederholt und weitere ergänzt werden. Darüber hinaus können die Schüler über ihre eventuell gesammelten Erfahrungen mit Bienen berichten. Vielleicht hat ein Kind eine Biene beim Nektarsammeln beobachtet oder sogar ihre Pollenhöschen entdeckt und vielleicht ist ein Schüler einmal von einer Biene gestochen worden.
Unbedingt sollten die Kinder die Möglichkeit haben, Fragen über die Bienen auf Karteikarten zu notieren. Sie bieten dem Lehrer eine wichtige Hilfe, um in der Unterrichtseinheit die Wünsche zu berücksichtigen.

Steckbrief der Biene

Seite 12

Gleich zu Beginn der Einheit sollte den Kindern die „originale Begegnung" mit der Biene ermöglicht werden, denn schließlich begleitet sie dieses Thema über die nächsten Wochen. Die direkte Konfrontation mit der Biene verstärkt den Forscherdrang der Kinder, die die Körpermerkmale dieses Insektes selbst entdecken können und dabei außerdem eine Vorstellung von Größe und Größenverhältnissen bekommen. Es sollte jeder eine tote Biene erhalten, welche die Kinder am Besten in einer Becherlupe betrachten. Somit wird die Biene nicht beschädigt und eventuell bestehende Berührungsängste zu einem toten Tier werden abgeschwächt, weil der unmittelbare Kontakt nicht vorhanden ist.
Das Zeichnen der Biene ist für die Kinder sinnvoll, weil es das genaue Betrachten, das Achten auf Details fördert. Hierbei ist nicht die Ästhetik maßgebend, sondern die sachliche Richtigkeit der Zeichnung. Grundlegende Merkmale wie die Dreiteilung des Körpers und die Anzahl der Beine sollten die Kinder erkennen. Durch die Notation der Körpermerkmale in der Aufgabe 2 sollen sie lernen, ihre Entdeckungen zu verbalisieren.
Der Lehrer kann sich bei einem Imker nach toten Bienen erkundigen. In der Haupttrachtzeit von etwa April bis Juli sterben ungefähr 1000 Sammlerinnen pro Tag. Falls der Lehrer keinen Imker in der Nähe kennt, könnte er sich beim entsprechenden Imker-Landesverband nach Adressen von heimischen Imkervereinen erkundigen.
Wenn noch nicht im Unterricht behandelt, sollte auf jeden Fall die Chance genutzt werden, exemplarisch an der Biene die typischen Körpermerkmale eines Insektes zu erarbeiten. Dies können die Kinder zunächst alleine tun, indem sie ihre Biene mit einem anderen toten Insekt vergleichen. Außerdem sollte ihnen eine Auswahl gut bebilderter und leicht verständlicher Bücher über Insekten zur Verfügung stehen. Diese Aufgabe eignet sich auch gut als Differenzierung.
Gegen Ende der Stunde sollte von einem Kind die Biene an die Tafel gezeichnet und anhand dieser Zeichnung die Körpermerkmale gemeinsam benannt und beschriftet werden. Wird diese Arbeitsweise angewandt, in der die Schüler also selbst zeichnen und beschriften, kann theoretisch auf das folgende Arbeitsblatt „Der Körperbau der Biene" (Seite 13) verzichtet werden.
Unbedingt sollten die Eigenschaften des Chitinpanzers sowie die praktische Dreiteilung des Bienenkörpers herausgearbeitet werden, weil sich die Kinder mit diesem Wissen später besser Sachverhalte erschließen können. Der harte Chitinpanzer gibt dem Körper der Biene Schutz und Halt. Gleichzeitig ist dieses Außenskelett nicht starr, sondern durch die Aufteilung in viele elastische Einzelabschnitte beweglich. Für kleinere Tiere ist dies ideal, für einen Elefanten würde der Chitinpanzer viel zu schwer. Auch die Dreiteilung in Kopf, Bruststück und Hinterleib ist für die Biene praktisch: Sie kann sich flink im Gedränge durch das Volk schlängeln, sie kann besser mit einem Eindringling kämpfen und diese Dreiteilung ermöglicht ihr auch ohne Schwierigkeiten, in eine Blüte hineinzukriechen.

Der Körperbau der Biene

Seite 13

Legt der Lehrer viel Wert auf Sicherheit sowie eine große und übersichtliche Zeichnung der Biene, so ist dieses Arbeitsblatt als Fortsetzung der Seite „Der

Steckbrief der Biene" (Seite 12) gut geeignet. Die Schüler können mit diesem Arbeitsblatt ihre Zeichnung und die notierten Körpermerkmale selbstständig vergleichen und gleichzeitig überprüfen, ob sie Elementares vergessen haben.

Das Bienenvolk

Seite 14

Die Kinder werden hier mit den drei verschiedenen Bienenwesen in einem Staat konfrontiert und lernen deren jeweilige Aufgaben und ihre unterschiedlichen Körpermerkmale kennen. Die Aufgabe der Schüler ist es, mit Hilfe des Sachtextes die Tabelle auszufüllen.

Um ein reines „Umtragen" der Informationen zu vermeiden, wurde die Beschriftung der Bienenwesen in der Tabelle vermieden. Mit Hilfe der Informationen im Text und durch genaues Hinsehen sollen die Kinder selbst herausfinden, welches Insekt die Königin, welches der Drohn und welches die Arbeiterin ist. Die in der Tabelle angegebene Anzahl der verschiedenen Bienenwesen dient als Orientierungshilfe. Die Angaben beziehen sich auf das Frühjahr und den Sommer – also während der Haupttrachtzeit, wenn die meisten Bienen im Staat leben. Jedoch wird hier nur eine relative Größe angegeben, weil die Fachliteratur auf unterschiedliche Anzahlen der Arbeiterinnen und Drohnen verweist.

Die ausgefüllte Tabelle soll den Schülern in übersichtlicher Form grundlegende Informationen über Aufgaben und Körpermerkmale der Bienenwesen liefern, auf die sie nach Bedarf zurückgreifen können.

Die Wohnung der Bienen

Seite 15

Nachdem die Schüler einiges über die Mitglieder eines Bienenvolkes erfahren haben, sollen sie nun ihre Behausung, den Bienenstock, kennenlernen. Das Arbeitsblatt ist vom Allgemeinen zum Speziellen aufgebaut: Beim ersten Bild sehen die Kinder den Bienenstock von außen und einige Bienen, die das Flugloch passieren. Auf dem zweiten Bild ist ein Teil des Inneren, eine Wabe, abgebildet. Die zahlreichen Arbeiterinnen sind ebenso zu sehen wie die Königin in der Mitte der Wabe. Sie ist vom Imker mit einem Punkt gekennzeichnet. Schließlich zeigt ein vergrößerter Ausschnitt eine Wabe, auf dem die sechseckige Form der Zellen deutlich zu erkennen ist. In dieser Zeichnung ist der räumliche Aspekt der Zellen nicht dargestellt, da die Dreidimensionalität für Kinder schwierig nachzuvollziehen ist. Um den räumlichen Aspekt der Zellen dennoch zu veranschaulichen, sollte der Lehrer ein Stück Wabe mitbringen, das bei einem Imker erhältlich ist.

Die grundlegenden und immer wieder vorkommenden Begriffe „Bienenstock", „Waben" und „Zellen" sollten im Unterrichtsgespräch wiederholt werden. Besonders ist hierbei auf die häufig miteinander verwechselten Begriffe „Zellen" und „Waben" zu achten.

Die Königin ist die Mutter des Volkes

Seite 16

Nach der Vorstellung der Bienenwesen und des Bienenstocks werden fortlaufend angesprochene Aufgaben präzisiert bzw. ergänzt. Die Aufgabe der Königin, das Eierlegen, sollte als Erstes vertieft werden, weil die Mutter des Volkes am Beginn eines jeden Bienenlebens steht und dieses Arbeitsblatt auch eine vorbereitende Funktion auf den folgenden Text „Vom Ei zur Biene" (Seite 17) hat.

Bei dem nahrhaften Futtersaft, der im Text angesprochen wird, handelt es sich um das „Gelée royale". Diesen Fachbegriff müssen die Schüler nicht kennen, weil für sie die Umschreibung „nahrhafter Futtersaft" viel einprägsamer ist.

Vom Ei zur Biene

Seite 17

Die Entwicklungsstadien „Vom Ei zur Biene" werden exemplarisch an der Arbeiterin verdeutlicht, weil sie die Masse im Volk bildet. Die Entwicklung der Königin unterscheidet sich sehr stark von der Entwicklung der Arbeiterin bzw. des Drohns, sodass später separat darauf eingegangen wird.

Auf dem Arbeitsblatt sind Rund- und Streckmade zu erkennen, aber beide werden begrifflich nicht genannt. Das Bild der Rundmade verdeutlicht das Larvenstadium (2. Bild) und die Abbildung der Streckmade (3. Bild) zeigt, wie die herangewachsene Larve mit der Verpuppung beginnt. Die Kinder haben die Aufgabe, die Zeichnungen zu beschriften, um sich sowohl die Begriffe als auch die Ausprägung der Entwicklungsstadien zu merken.

In 21 Tagen vom Ei zur Arbeiterin

Seite 18

Anknüpfend an das Arbeitsblatt „Vom Ei zur Biene" (Seite 17) sollen die Kinder die wichtigsten Entwicklungsstadien der Biene übersichtlich in der Tabelle darstellen. Gleichzeitig informiert die Tabelle die

Schüler über die unterschiedliche Dauer der jeweiligen Entwicklungsstufen.
Die Kinder sollen die Entwicklungsstadien zeichnen, weil sie sich dadurch besser die Körperformen von Larve, Puppe und Insekt einprägen. Die Abbildungen, die die Schüler zunächst in die richtige Reihenfolge bringen müssen, bieten ihnen später eine Hilfe für ihre Zeichnungen.
In der Fachliteratur ist die Dauer der einzelnen Entwicklungsstadien unterschiedlich angegeben. Die hier gemachten Angaben beziehen sich auf die Aussagen eines erfahrenen Imkers und des Deutschen Imkerbundes. Der Lehrer sollte trotzdem erwähnen, dass die Zeitangaben variabel sein können, weil die Natur ihren eigenen Gesetzen folgt. Dieses Arbeitsblatt kann auch nach Behandlung des Arbeitsblattes „Vom Ei zur Biene" (Seite 17) als nachbereitende Hausaufgabe eingesetzt werden.

So entsteht die Königin
Seite 19

Die Entstehung der Königin wird extra behandelt, weil sie im Vergleich zur Entwicklung von Arbeiterin und Drohn erheblich anders verläuft. Sowohl die besondere Ernährung der Larve als auch die relativ kurze Entwicklungsdauer sind charakteristisch für die Königin.
Dieses Arbeitsblatt eignet sich auch als Differenzierung nach Bearbeitung des Arbeitsblattes „Vom Ei zur Biene" (Seite 17). Schüler, die sich über die Entstehung der Königin informiert haben, können als „Experten" anschließend ihren Klassenkameraden von der außergewöhnlichen Entwicklung berichten und Unterschiede benennen.

Die Arbeiterin hat viel zu tun
Seite 20

Die Kinder erhalten in chronologischer Reihenfolge einen Einblick in die wichtigsten Aufgaben der Arbeiterin. Darüber hinaus erledigt die Arbeitsbiene noch viele weitere Arbeiten: Sie regelt die Stocktemperatur, entfernt die kranke Brut oder holt Wasser…
Besonders wichtige Tätigkeiten wie das Bauen der Waben und das Eintragen des Nektars werden in den Kapiteln 2 und 3 ausführlich behandelt. Die Aufgaben der Arbeiterin sind unter dem Text in Substantiven zusammmengefasst (Putzbiene, Sammelbiene etc.), damit sich die Schüler die verschiedenen „Berufe" besser merken können. Zur Festigung sollen die Kinder diese in die richtige Reihenfolge bringen.

Der Lebenslauf der Arbeitsbiene
Seite 21

Dieses Arbeitsblatt knüpft mit seiner Aufgabenstellung an das vorherige an. Es zeigt Kästchen, in welche die Schüler Symbole zu den einzelnen Tätigkeiten der Arbeiterin zeichnen sollen. Zusätzlich stehen unter den Kästchen die genauen Zeitbereiche der Aufgaben, die allerdings nur Richtwerte sind. Überwiegend halten sich zwar die Bienen an diesen Arbeitskalender, aber sie können auch davon abweichen und für andere Aufgaben herangezogen werden – je nachdem, wo ein Arbeitsplatz nicht besetzt ist.
Das Zeichnen und das selbstständige Finden von Symbolen für die Tätigkeiten der Arbeiterinnen erleichtert den Kindern, sich diese Aufgaben besser zu merken. Um ihnen den Arbeitsauftrag verständlicher zu machen, wurde das erste Symbol als Hilfe vorgegeben. Die Aufgabenstellung lässt viele Möglichkeiten zu. Beispielsweise könnte die Tätigkeit der Baubiene durch eine Kelle, Ziegelsteine oder durch mehrere Zellen symbolisiert werden. Erlaubt ist aber auch, dass die Kinder die Arbeiterin bei der Ausübung ihrer Tätigkeit zeichnen, wie z. B. eine Biene, die einen Eimer voll Nektar schleppt. Dies ist jedoch ganz allein der Fantasie der Kinder überlassen.
Der zu schreibende Text soll zwar kurz sein, aber sich nicht nur auf einen Satz pro Bild beschränken, wie „Die Biene ist Putzbiene." oder „Die Biene ist jetzt Baubiene." Die neben den Kästchen stehenden Zeitangaben können die Schüler in ihren Text einfließen lassen; dies ist aber keine Bedingung. Beim Schreiben ist der Sachtext „Die Arbeiterin hat viel zu tun" (Seite 20) eine Hilfe für die Kinder.
Bei der Besprechung der Arbeitsergebnisse können einige Kinder ihre Symbole an die Tafel malen. Die übrigen Schüler raten anschließend, welche Tätigkeit der Arbeiterin dargestellt worden ist. Somit wird gleichzeitig überprüft, ob die Symbole mit den Aufgaben der Bienen korrespondieren.

Pauline will nicht fliegen
Seite 22

In amüsanter und überspitzter Form wird ein Drohn beschrieben, der unter den Imkern als kleiner „Faulenzer" gilt. Das Gedicht eignet sich, um die Eigenschaften der Drohnen zu thematisieren. Die männlichen Bienen bilden einen Gegensatz zu den fleißigen Arbeiterinnen mit ihren vielfältigen Aufgaben. Außer der Begattung der Königin haben die Drohnen nichts weiter im Bienenstock zu tun. Sie sind nicht in der Lage, Nektar zu suchen, und werden von den Arbeiterinnen gefüttert, weil sie sich nicht allein ernähren können.

Nach dem Lesen sollte eine Gesprächsrunde folgen, in der Hinweise im Gedicht herausgearbeitet werden, die auf einen Drohn schließen lassen. Diese sind: will nicht fliegen, sucht den Nektar nicht, ruht sich aus, gefräßig, Größe übermäßig. Anschließend können die Kinder üben, das Gedicht deutlich und mit guter Betonung vorzutragen, und dann gemeinsam eine szenische Darstellung entwickeln.

Möglich ist auch, dass der Lehrer nur die ersten vier Zeilen des Gedichts vorliest und die Kinder finden anschließend selbstständig Lösungen, warum Pauline nicht fliegen will. Ihre Vermutungen können sie verbal oder zeichnerisch äußern oder sie versuchen sogar, das Gedicht weiterzuschreiben.

Wie alt werden Bienen?
Seite 23

Gründliches Lesen und das Formulieren von Fragen, die zu den bereits vorhandenen Antworten passen müssen, stellen erhöhte und ungewohnte Anforderungen an die Kinder.

Das Rätsel, warum das Alter der Bienen von den Jahreszeiten abhängt, wird vage angedeutet, genauer erforschen müssen es jedoch die Kinder in der Zusatzaufgabe. Dazu können sie ihre Hypothesen aufstellen oder aber in Sachbüchern und im Internet recherchieren.

Wer summt denn da herum?

1. Sie fliegt hin und her und auch herum,
   dabei macht sie summ, summ, summ.
   Und das nur bei schönem Sonnenschein,
   wenn's kälter ist, dann lässt sie's sein.
   Auf einem kleinen Blütenast,
   da macht sie endlich Rast.
   Doch sie will nicht ruhn,
   denn sie hat noch viel zu tun.

2. Jede Blüte wird von ihr gecheckt,
   weil der Nektar so herrlich schmeckt.
   Und es ist ein großer Hit,
   die Bestäubung macht sie gratis mit.
   Ei der Daus, wie mir die Augen rollen,
   sie sammelt auch noch Blütenpollen
   und lasst euch überraschen,
   sie steckt ihn in die Taschen.

3. Damit fliegt sie in ihr Haus
   und das sieht wie ein Kunstwerk aus.
   Viele Zellen sind das mit sechs Ecken,
   darin kann sie sich verstecken.
   Doch sie baut und baut immer mehr daran,
   weil sie es nicht lassen kann.
   Schaut doch mal genauer hin,
   sie ist eine Künstlerin.

4. Nach ein paar Wochen ist es dann soweit,
   das wurde auch schon Zeit,
   ist der Honig fertig in den Waben,
   will ihn jetzt der Imker haben.
   Er hat ihn ja bei ihr bestellt,
   bezahlt ihr aber gar kein Geld.
   Er lüftet ihr Versteck
   und nimmt den Honig einfach weg.

5. Sie hat auch eine Königin,
   da fliegt sie manchmal hin
   und bringt ihr dann das Essen,
   das darf sie nicht vergessen.
   Ja, sie lebt in einem großen Staat,
   wo alles seine Ordnung hat.
   Und schon wieder höre ich Gesumm,
   wer fliegt denn da herum?

   Tanja Wobig

Weißt du, wer in diesem Gedicht gemeint ist?
Male deine Lösung in das Bild.

Steckbrief der Biene

1. Schaue dir mit einer Lupe eine tote Biene genau an und zeichne sie dann in das Kästchen.

2. Wie sieht die Biene aus? Schreibe die äußeren Körpermerkmale in Stichpunkten auf.

_____
_____
_____

3. Bienen gehören zu den Insekten. Kennst du noch andere Insekten?

_____

4. Was sind die besonderen Merkmale eines Insektes? Schaue in ein Buch über Insekten und vergleiche deine Biene mit den Bildern der Insekten im Buch. Was haben sie gemeinsam?

_____
_____
_____
_____

Der Körperbau der Biene

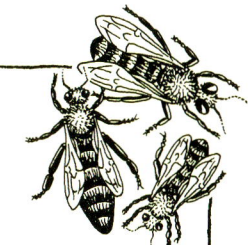

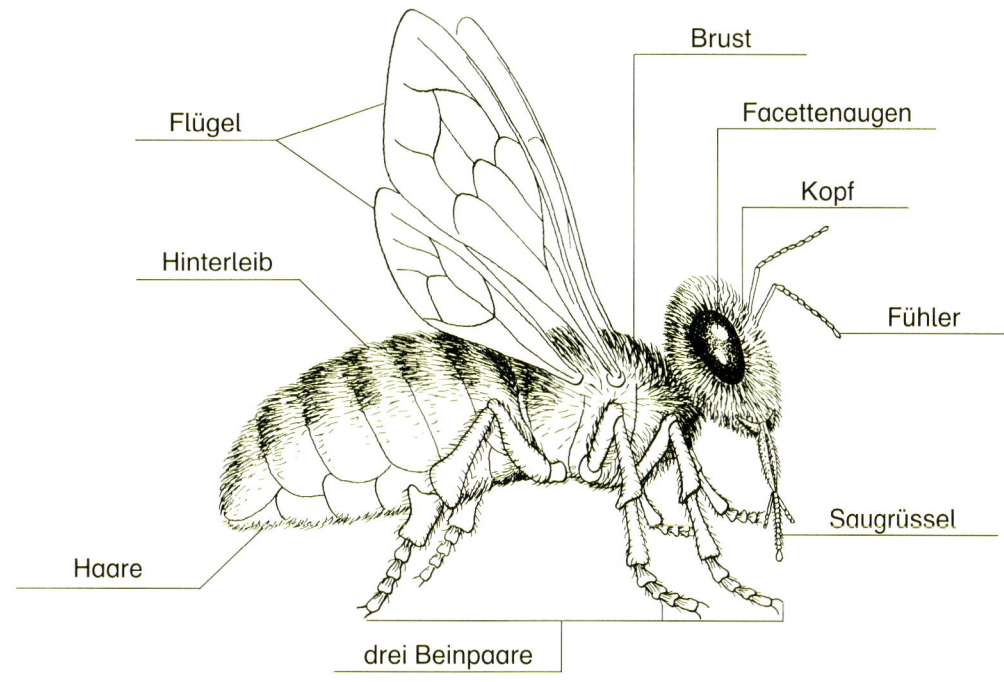

Schaue dir sehr genau das Bild der Biene an. Danach trage die richtigen Bezeichnungen an den gekennzeichneten Stellen im zweiten Bild ein.

Das Bienenvolk

Die Bienen eines Volkes sehen nicht alle gleich aus. Es gibt drei verschiedene Bienenwesen: Eine Königin, etwa 2000 Drohnen und Tausende von Arbeitsbienen. Die **Königin** ist am größten und hat einen schlanken Körper. Sie ist die Mutter dieser Großfamilie. Ihre Aufgabe ist es, Eier zu legen.

Die männlichen Bienen sind die **Drohnen.** Man erkennt sie an ihrem dicken, breiten Hinterleib und den großen Augen. Ihre Flügel ragen hinten über den Körper hinaus. Die einzige Aufgabe der Drohnen ist es, die Königin zu begatten.

Die große Masse im Volk bilden die **Arbeitsbienen** oder auch Arbeiterinnen genannt. Sie sind am kleinsten. Ihr Körper ist sehr schmal. Die Arbeiterinnen haben viele Aufgaben. Sie pflegen zum Beispiel die Brut und holen Nahrung.

Alle Mitglieder eines Bienenvolkes sind aufeinander angewiesen. Eine einzelne Biene kann nicht alleine leben. Ohne die Gemeinschaft würde sie sterben.

1. Lies den Text gründlich. Ordne den Bienen die passenden Namen zu und schreibe sie in die grauen Kästchen.
2. Was sind die Körpermerkmale und Aufgaben der drei Bienenwesen? Fülle die Tabelle in Stichpunkten aus.

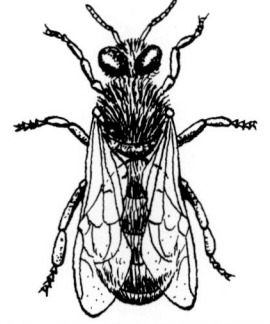 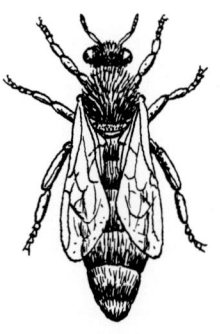 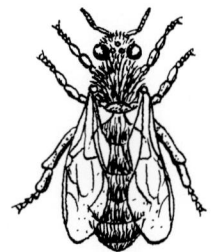

Körpermerkmale			
Aufgaben			
Anzahl	ca. 2000	1	ca. 50 000

Die Wohnung der Bienen

1. Der **Bienenstock** ist die Behausung der Bienen. Es ist ein Kasten aus Kunststoff oder Holz, den der Mensch für sie gebaut hat. Im Sommer bevölkern etwa 50 000 Bienen den Stock. Das ist ungefähr so viel, wie Menschen in einer mittelgroßen Stadt leben.

2. In einem Bienenstock hängen viele **Waben,** auf denen die Bienen leben und arbeiten. Die Waben sind in Holzrähmchen eingefasst, welche die Imker für ihre Bienen zimmern. Imker sind Leute, die Bienen züchten.

3. Die Waben stellen die Bienen selbst her. Eine Wabe besteht aus vielen tausend Kammern. Das sind die **Zellen**. In einigen Zellen speichern die Bienen die Nahrung und in den anderen ziehen sie die Bienenkinder groß.

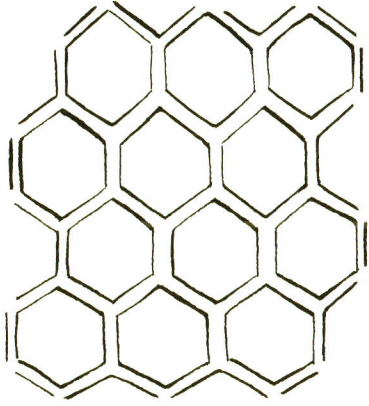

Die Imkerei ist sehr alt. Schon vor etwa 5000 Jahren beschäftigten sich die Ägypter mit der Bienenzucht, um den Honig zu ernten. Die Bienen selbst sind noch viel älter. Eingeschlossen in einem Bernstein fand man eine Biene, die etwa vor 40 Millionen Jahren gelebt hat.

Wo aber haben die Bienen gewohnt, bevor sie der Mensch in Pflege nahm? Wie ist dann die Bienenhaltung entstanden? Informiere dich!

Die Königin ist die Mutter des Volkes

In ihren ersten Lebenswochen verlässt die Königin den Stock und macht ihren Hochzeitsflug. Dabei wird sie von mehreren Drohnen begattet. Die Samen speichert sie in einem Bläschen, das in ihrem Hinterleib liegt. Dieser Vorrat reicht für ihr ganzes Leben aus, das mehrere Jahre dauert.

Zurück im Stock, steckt die Königin zunächst ihren Kopf in eine Zelle. Sie schaut, ob die Zelle leer und sauber ist. Wenn alles in Ordnung ist, senkt sie ihren Hinterleib hinein und legt ein Ei.

Dieser Vorgang wiederholt sich ungefähr 1500-mal am Tag. Die Königin ist dabei ständig von einigen Arbeiterinnen umgeben, die sie mit einem nahrhaften Futtersaft füttern. Vom Frühjahr bis zum Herbst ist sie mit der Eiablage beschäftigt. Aus den meisten Eiern entstehen die Arbeitsbienen und aus den übrigen die Drohnen.

Die Königin ist das einzige voll entwickelte Weibchen im Volk. Die Arbeiterinnen sind zwar auch Weibchen, aber sie dienen nicht der Fortpflanzung.

Was macht die Königin gerade? Beschreibe die Bilder!

Vom Ei zur Biene

In der noch offenen Zelle schlüpft am vierten Tag aus dem **Ei** eine **Larve.** Sie ist ein kleines weißes Würmchen ohne Kopf, Flügel oder Beine. Die Larve ist sehr gefräßig und wird einige Tage lang von ausgewachsenen Arbeiterinnen gefüttert. Durch die Nahrung wird sie dicker und dicker. Nach nur sechs Tagen ist die Larve ausgewachsen. Schließlich bauen die Arbeitsbienen einen Deckel aus Wachs über die Zelle. In der geschlossenen Zelle webt die Larve viele Fäden um sich herum, sodass eine dichte Hülle entsteht. Sie hat sich nun verpuppt.
Als **Puppe** ruht sie und nimmt keine Nahrung mehr auf. Während dieser Zeit entwickelt sie sich zur Biene. Am 21. Tag nagt sie das Wachsdeckelchen auf und kriecht aus der Zelle.
Nun ist das fertige **Insekt**, die Arbeitsbiene, geschlüpft. Alle drei Bienenwesen brauchen unterschiedlich lang für ihre Entwicklung. Die Drohnen benötigen 24 Tage, die Königin braucht nur 16 Tage.

Was erkennst du auf den Bildern? Beschrifte!

In 21 Tagen vom Ei zur Arbeiterin

Tage	Bild	Bezeichnung
1 2 3		
4 5 6 7 8 9		
10 11 12 13 14 15 16 17 18 19 20		
21		

 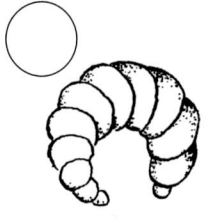 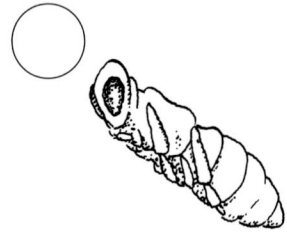 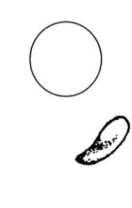

Nummeriere die Entwicklungsstufen der Arbeiterin und trage die Zahlen in die Kreise ein. Zeichne dann die Arbeiterin in ihren Entwicklungsstufen in die Tabelle ein. Achte aber auf die richtige Reihenfolge! Schreibe neben jedes Bild die passende Bezeichnung.

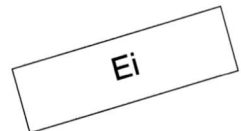   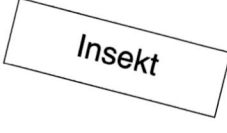

 Bienen und Küken schlüpfen beide aus Eiern. Was ist aber bei ihrer Entwicklung anders? Überlege!

So entsteht die Königin

Es liegt an den pflegenden Arbeitsbienen, ob aus einem Ei eine Königin wird oder nicht. Für die künftige Königin bauen sie eine große Zelle, die wie ein kleiner Tannenzapfen an der Wabe herunterhängt.
Diese Zelle heißt **Weiselwiege**, weil die Königin auch Weisel genannt wird. Während ihrer ganzen Entwicklung bekommt die Larve der Königin einen nahrhaften Futtersaft. Wegen dieser guten Nahrung kriecht die Königin nach nur 16 Tagen aus ihrer Zelle. Alle anderen Larven erhalten den Futtersaft nur ein paar Tage lang, dann werden sie mit Honig und Pollen gefüttert.
Außerdem enthält nur der Saft für die Larve der Königin einen bestimmten Wirkstoff und mehr Zucker. Das ist entscheidend für die Entwicklung zur Königin.
Die Arbeitsbienen ziehen immer mehrere Königinnen heran. Die zuerst geschlüpfte Königin eilt dann zu ihren Schwestern und tötet sie mit ihrem Giftstachel, denn es kann nur eine Königin in einem Volk geben.

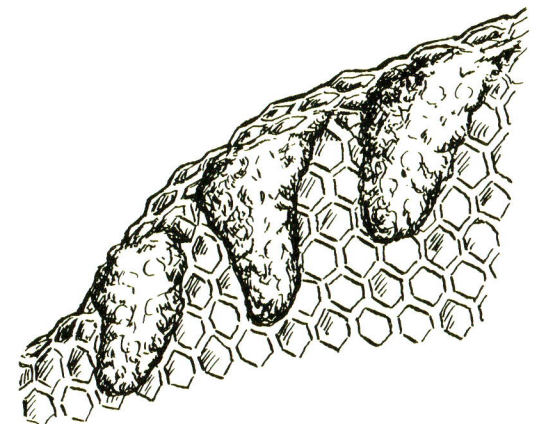

1. Wie heißt die Zelle der Larve der Königin?
   _____

2. Was ist der Unterschied zwischen der Nahrung der Larve der Königin und der Nahrung der anderen Larven?
   _____
   _____
   _____
   _____

3. Was macht die Königin, wenn sie geschlüpft ist?
   _____
   _____

 Warum werden immer mehrere Königinnen herangezogen? Überlege!

Die Arbeiterin hat viel zu tun

Die Arbeitsbiene muss viele Aufgaben erledigen, die im Laufe ihres Lebens wechseln. Nach dem Schlüpfen ist sie zunächst mit dem **Putzen** beschäftigt. Sie säubert sich selbst, ihre Zelle und anschließend die benachbarten Zellen. In den Pausen wärmt sie die Brut, indem sie auf den Zellen sitzt.

Nach etwa zwei Tagen ist die Biene **Futterbiene** und füttert die älteren Larven mit Honig und Pollen. Ab ihrem sechsten Lebenstag kann die Arbeiterin einen besonderen Futtersaft herstellen. Damit füttert sie die jüngeren Larven, die diese Nahrung brauchen. Im Sonnenschein unternimmt sie manchmal kurze Ausflüge, um sich die Umgebung zu merken.

Wenn die Arbeiterin etwa zwei Wochen alt ist, kann sie Wachs herstellen. Nun beginnt ihre Pflicht als **Baubiene**, denn die Waben werden von den Arbeiterinnen aus Wachs gemacht. Außerdem nimmt sie den heimkehrenden Sammelbienen den Nektar ab und verstaut die Pollen in den Vorratszellen.

Sobald sich ihre Giftblase gefüllt hat, passt sie als **Wächterbiene** vor dem Flugloch auf. Bienen aus ihrem Volk erkennt sie am besonderen Stockgeruch und lässt sie hinein. Eindringlinge vertreibt sie mit ihrem Giftstachel. Im Alter von etwa 20 Tagen ist die Biene **Sammlerin.** Von nun an zieht sie von Blüte zu Blüte, um Nektar und Pollen für ihr Volk zu holen.

In ihrem Leben hat die Arbeiterin verschiedene „Berufe". Schreibe die richtige Reihenfolge auf!

1. _____
2. _____
3. _____
4. _____
5. _____

Der Lebenslauf der Arbeitsbiene

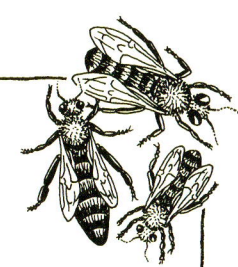

1. bis 2. Tag

_____
_____
_____
_____

3. bis 11. Tag

_____
_____
_____
_____

12. bis 17. Tag

_____
_____
_____
_____

18. bis 21. Tag

_____
_____
_____
_____

ab 22. Tag

_____
_____
_____
_____

1. Zeichne in die Kästchen Bilder, die zu den verschiedenen Aufgaben der Arbeiterin passen, zum Beispiel den Besen für die Putzbiene.
2. Beschreibe neben jedem Bild kurz die Tätigkeit der Biene. Achte auf die richtige Reihenfolge ihrer Aufgaben!

Pauline will nicht fliegen

Woran mag das bloß liegen,
Pauline will nicht fliegen.
Es wäre ihre Pflicht,
doch sie sucht den Nektar nicht!
Sie sitzt nur in ihrem Bienenhaus
und ruht sich kräftig aus.
Sie ist rund und auch gefräßig
und ihre Größe übermäßig.

Den Bienenschwestern wurde es zu bunt,
es gab ein Donnerlittchen, es ging rund!
So flog sie ein-, zweimal hin und her,
doch ihre Taschen blieben leer.
Auf jeder Blüte ruhte sie sich aus,
das macht' ihr gar nichts aus.
Eines Tages wurd' sie krank
und sichtlich mit dem Tode rang.

Doch Biene Heilsam, Frau Doktorin,
die kriegte Pauline wieder hin.
Mit Honig und etwas Nektarine,
wurde sie wieder fit, die Pauline.
Und Frau Heilsam wurde auch noch klar,
warum Pauline zu faul zum Fliegen war.
Denn allem Trotz und auch zum Hohn,
Pauline war ein Paul, ein DROHN!

Tanja Wobig

1. Welche Merkmale deuten auf einen Drohn hin? Unterstreiche sie!
2. Übe leise, das Gedicht deutlich und mit guter Betonung vorzutragen.
3. Überlege dir mit drei oder vier anderen Kindern, wie man das Gedicht nachspielen könnte.

Wie alt werden Bienen?

Es hängt von den Jahreszeiten ab, wie alt die Bienen werden. Im Frühling und Sommer leben die Arbeiterinnen etwa 40 Tage. Viele Bienen sterben schon eher, weil ihnen auf den Sammelflügen zahlreiche Gefahren begegnen. Die meisten Arbeitsbienen gehen aber an Altersschwäche zugrunde. Im April, Mai und Juni sterben etwa 1000 Bienen pro Tag. Die im Spätsommer und Herbst schlüpfenden Bienen haben es besser. Sie überleben den Winter und werden mehrere Monate alt. Die Drohnen leben von Mai bis August. In dieser Zeit werden sie von den Arbeiterinnen gefüttert, weil sie sich nicht von alleine ernähren können. Danach sind sie dem Volk lästig. Ihre einzige Aufgabe, die Begattung der Königin, haben sie erfüllt und sind jetzt nur überflüssige Fresser. Deshalb werden sie von den Arbeiterinnen vertrieben. Gegen die Angriffe der Arbeitsbienen können sie sich nicht wehren, weil die Drohnen keinen Giftstachel haben. Allein auf sich angewiesen, sterben die männlichen Bienen. Am längsten lebt die Königin. Sie kann vier bis fünf Jahre alt werden.

„Ich werde 4 bis 5 Jahre alt."

„Ich lebe von Mai bis August."

„Ich werde mehrere Monate alt."

„Ich werde 4 bis 5 Wochen alt."

Du findest hier Antworten zum Alter der Bienen. Wie aber lauten die passenden Fragen dazu?

Frage 1: _____
Sie werden kaum älter als vier oder fünf Wochen.

Frage 2: _____
Weil sie auf Sammelflügen vielen Gefahren ausgesetzt sind.

Frage 3: _____
Diese Bienen leben von Mai bis August.

Frage 4: _____
Weil sie zu nichts mehr nütze sind und den anderen Bienen nur die Vorräte wegfressen.

Frage 5: _____
Sie lebt am längsten und kann vier bis fünf Jahre alt werden.

 Wieso leben die Herbstbienen wesentlich länger als die im Frühjahr und im Sommer schlüpfenden Bienen? Denke nach!

2. Wabenbau
Begleitkommentar zu den Lernmaterialien

Biene oder Hummel – Wer baut geschickter?

Seite 26

Das Arbeitsblatt zeigt in einer einfachen Ansicht die unterschiedliche Zellenbauweise der Biene und der Hummel. Das Weiterzeichnen der vorgegebenen Zellen erleichtert den Schülern, die Zweckmäßigkeit beider Bauweisen besser zu beurteilen.

Es ist allerdings für Kinder schwierig, freihändig relativ gleichmäßige Kreise und Sechsecke zu zeichnen. Doch sofern die sachliche Richtigkeit erhalten bleibt, dient dies der Sache, weil die Kinder durch ihr eigenes Tun besser begreifen, welche akkuraten Baukünstler die Bienen sind.

Die Schüler sollen die zweckmäßige Zellenbauweise der Bienen und die eher unökonomische Bauweise der Hummeln erkennen und begründen können. Die erste Aufgabe sollen die Kinder alleine erledigen, damit sich jeder über die unterschiedliche Bauweise und deren Vor- bzw. Nachteile bewusst werden kann. Zur Erarbeitung der zweiten Aufgabe eignet sich Gruppenarbeit, in der die Kinder diskutieren, ihre Ideen sammeln und bewerten. Damit sie die Zellen der Biene auch am Original betrachten können, sollte der Lehrer für jede Gruppe ein Stück Wabe mitbringen.

Darüber hinaus können sich die Kinder überlegen, warum die Bienen nicht vier- oder dreieckige Zellen bauen, denn bei diesen Bauweisen bleiben ebenfalls keine Zwischenräume übrig. Die Sechsecke haben jedoch den Vorteil, dass sie trotz großem Volumen den kleinsten Umfang besitzen und somit zu ihrer Herstellung am wenigsten Baumaterial benötigt wird.

Wir bauen eine Bienenzelle

Seite 27

Nachdem die Kinder die Zellenbauweise der Biene näher untersucht haben, sollen sie selbst versuchen, eine Zelle zu bauen. Durch diese Arbeit wird der räumliche Charakter der Zelle anschaulicher und die Schüler können den Boden der Zelle mit seinen drei gleichseitigen Rhomben erkennen.

Das Basteln der Zelle ist schwierig und verlangt viel Geduld von den Kindern, denn es muss höchst sorgfältig gearbeitet werden. Wenn der Zellkörper nicht richtig gefalzt wird, ist es später kaum möglich, eine ordentliche Zelle herzustellen. Das Ankleben der drei Zellböden ist relativ schwierig, weil die freie Fläche, in der die Kinder arbeiten, durch das Anbringen der Böden immer kleiner wird. Außerdem müssen die Kinder genau auf die richtige Reihenfolge beim Kleben achten, die im Schnittmuster durch Zahlen angegeben ist.

Obwohl das Bauen der Zelle nicht einfach ist und sicherlich einige Zellen misslingen werden, ist es trotzdem sinnvoll. Die Kinder können dadurch u. a. lernen, welche großartigen Baumeister die Bienen sind: Wir benötigen ein Schnittmuster, Schere, Klebstoff, Geduld und Zeit, um eine einzige Zelle zu bauen. Die Bienen zimmern tausende akkurate Zellen und im Verhältnis gesehen mit wesentlich weniger zeitlichem und materiellem Aufwand. In etwa 48 Stunden bauen sie eine Wabe mit insgesamt 6000 Zellen. Diese Sachinformation sollte der Lehrer den Kindern unbedingt vermitteln, damit sie eine Vorstellung von der enormen Bauleistung der Bienen bekommen. Er könnte die Kinder beispielsweise zunächst schätzen lassen, aus wie vielen Zellen eine Wabe besteht.

Es ist eine sinnvolle Hilfe, wenn die Schüler an Modellen erkennen, wie sie schrittweise zu einem Ergebnis kommen. Die Modelle:

1. Das ausgeschnittene und gefalzte Schnittmuster
2. Der Zellkörper mit einem Boden
3. Der Zellkörper mit zwei Böden
4. Der Zellkörper mit drei Böden
5. Die fertige Zelle

Die Modelle sollten wegen einer besseren Stabilität aus Pappe, die Bienenzellen der Kinder jedoch aus Papier gebastelt werden, weil sich dieses viel einfacher falzen lässt. Zur Weiterführung können die Kinder ein Wabenmodell anfertigen, indem sie ihre Zellen an den Böden zusammenkleben. Bei einer großen Klasse ist es ratsam, mehrere Wabenmodelle aus mindestens neun Zellen zu bauen.

Das Anfertigen des Wabenmodells ist genauso schwierig wie das Herstellen der einzelnen Zellen. Damit sich die Zellen beim Kleben genau ineinander einfügen, müssen sie sehr gleichmäßig gebaut worden sein. Dieses Ziel ist aber schwer zu erreichen, weil jede Zelle von einem anderen Schüler gebaut wurde. Dies beweist noch einmal, welches Kunstwerk die Bienen vollbringen.

Darüber hinaus haben die Kinder am Modell eine bessere Möglichkeit die beidseitige Bebauung zu erkennen als an einer originalen Wabe. Allerdings weist das Modell einen Makel auf, denn die Zellen liegen waagerecht. Die Bienen bauen sie aber mit einer leichten Neigung nach oben, damit der Honig nicht herausfließt bzw. Pollen und Brut nicht herausfallen.

So bauen die Bienen Waben

Seite 28

Die Schüler sollen diesmal selbst in die Rolle des Befragers schlüpfen, um sowohl das Fragenstellen zu üben als auch um den dargestellten Sachverhalt zu verstehen. Zur Ergebnissicherung und Steigerung der Lernfreude können die Kinder ein Quiz entwickeln, dessen Regeln sie selbst erarbeiten. Sie lernen dabei, sich selbst zu organisieren, zu planen, zu überarbeiten und zu selektieren. Die Fragen müssen auf Verständlichkeit und Sinn überprüft und gegebenenfalls aussortiert werden, wenn Doppelungen vorkommen. Regeln müssen vereinbart und konsequent eingehalten werden.

Wir basteln Kerzen aus Bienenwachs

Seite 29

Bevor die Kinder basteln, sollten sie vermuten, wozu die dünnen Platten mit den vorgeprägten Sechsecken überhaupt benutzt werden. Die Kinder haben zwar gelernt, wie die Bienen das Wachs produzieren und daraus Waben bauen, aber in dieser Form kennen es wahrscheinlich nur wenige.

Die Tafeln sind die Mittelwände, die der Imker in einem Holzrahmen seinen Bienen vorgibt, welche sich dann daran orientieren und nur noch die Zellwände auf beiden Seiten selbst aufbauen. Die Mittelwände stellt der Imker aus alten Waben her, die er zunächst schmilzt und dann in eine Form presst.

Das Kerzenrollen ist einfach zu lernen und im Gegensatz zum Kerzengießen vollkommen ungefährlich. Beim Herstellen der Kerze ist die Wahl der richtigen Dochtstärke sehr wichtig, da sie für ein gutes Brennen hauptverantwortlich ist. Die Dochtstärke richtet sich immer nach dem Durchmesser der Kerzen. Eine Kerze, die aus einer Mittelwand hergestellt wird, hat einen Durchmesser von etwa 2,5 cm. Auf den Dochtpackungen ist angegeben, welche Stärken zu welchem Kerzendurchmesser verwendet werden sollten.

Es gibt Rund- und Flachdochte. Da die Runddochte aber saugfähiger sind, werden sie für die Bienenwachskerzen benutzt. Das Tränken des Dochtes mit Wachs ist nicht unbedingt notwendig.

Für das Gelingen der Kerzen ist eine passende Temperatur der Wachsplatte erforderlich. Sind die Mittelwände zu kühl, ist das Wachs spröde, unelastisch und kann brechen. Die Wicklungen können dann schlecht aneinanderkleben, die fertige Kerze ist zu locker und hat zu viel Luft in den einzelnen Wicklungen, sodass sie schnell und ungleichmäßig abbrennt. Günstig ist es, wenn die Platten einen Tag vorher in einen warmen Raum gelegt werden, damit sie für das Rollen geschmeidig sind. Das Bienenwachs sollte jedoch nicht auf einen warmen Ofen gelegt werden, weil die Rippen sofort schmelzen und damit die Platte unbrauchbar wird.

Die Wachsplatten gibt es beim Imker und im Bastelgeschäft, doch im Fachhandel sind sie in der Regel erheblich teurer. Je nach Vorliebe und Klassenbudget können die Kerzen mit einer viertel, halben, ganzen oder sogar mit mehreren Platten gerollt werden.

Wir basteln eine besondere Kerze aus Bienenwachs

Seite 30

Mit dieser Schablone entsteht eine gewendelte Kerze. Bevor die Kinder anfangen zu rollen, dürfen sie raten, welche Kerzenform sich wohl ergeben könnte. Außerdem können sie weitere Schablonen entwickeln, die sie aber zunächst mit einem Blatt Papier ausprobieren sollten.

Biene oder Hummel – Wer baut geschickter?

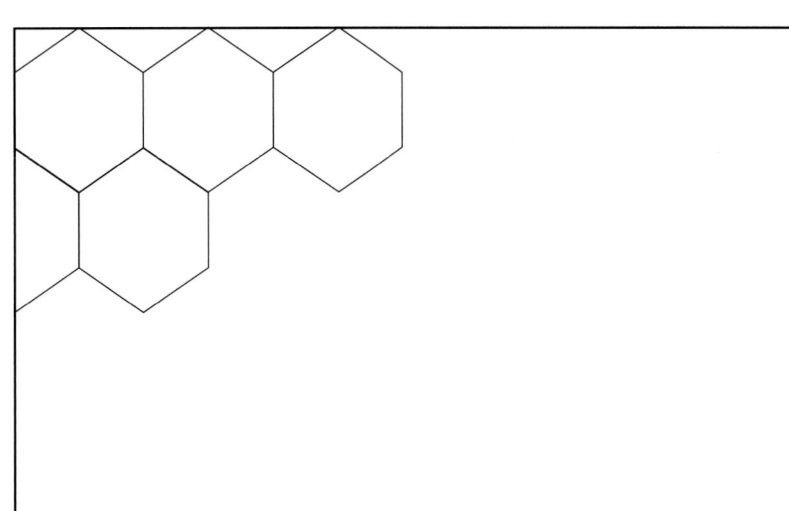

So bauen Honigbienen die Zellen.

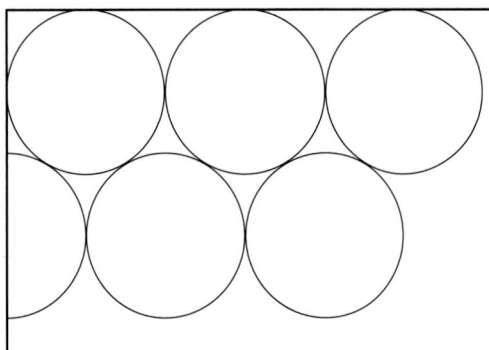

So bauen Hummeln die Zellen.

1. Zeichne die Zellen von Hummel und Honigbiene weiter! Was ist der Unterschied zwischen den Bauweisen?
2. Was meinst du, welche Bauweise geschickter ist?

 Wie sehen Hummeln aus und wie leben sie? Informiere dich!

Wir bauen eine Bienenzelle

Versuche dich doch auch mal als „Baubiene" und bastle eine Zelle! Schneide die vier Teile sorgfältig aus. Die durchgezogenen Linien sind die Schnittlinien und die gestrichelten Linien sind die Falzlinien. Klebe die Zelle an den schwarz markierten Klebestellen zusammen. Besonders günstig ist es, wenn du dich beim Kleben an die Reihenfolge 1–9 hältst. Klebe erst zum Schluss die Fläche a.

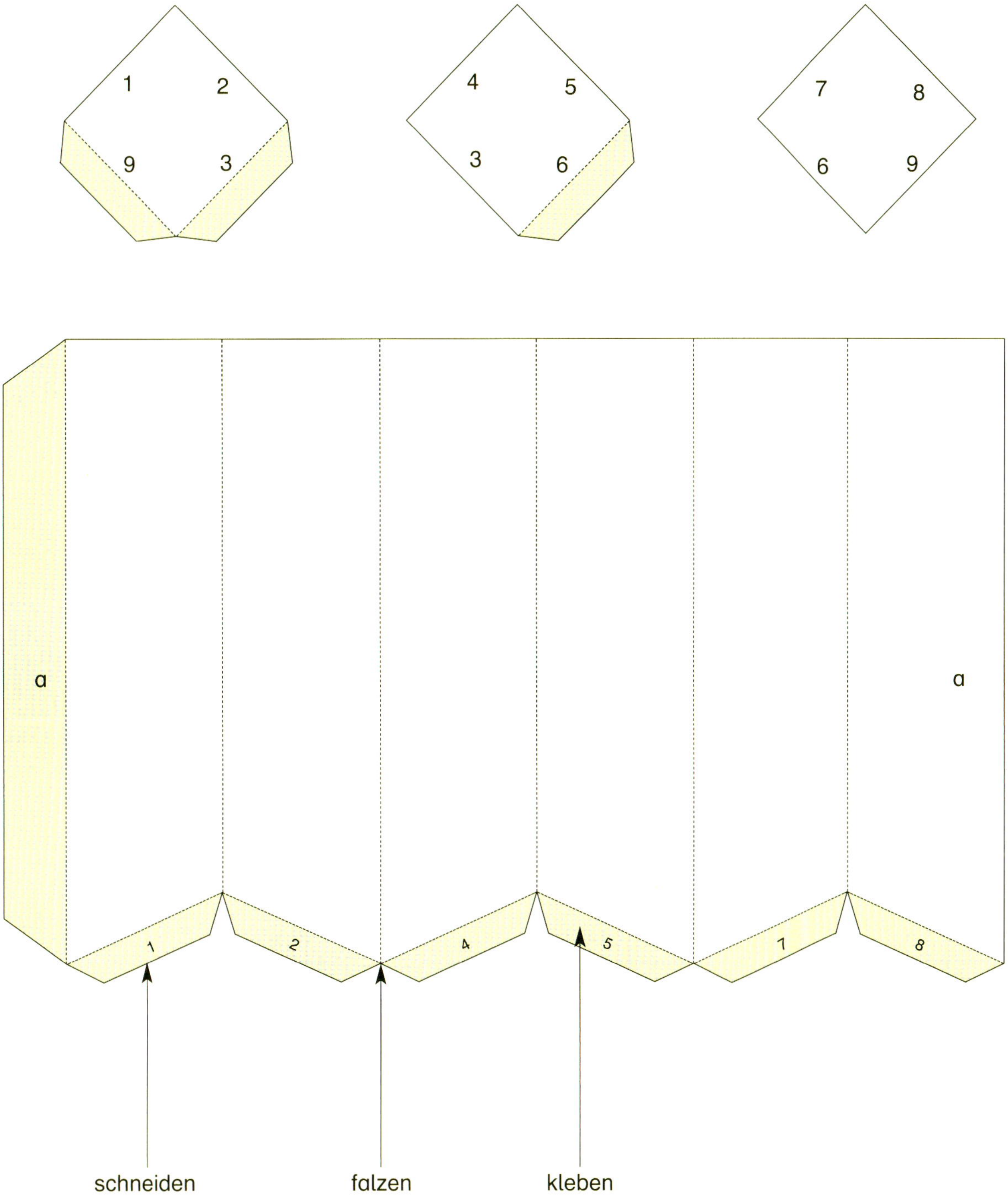

schneiden falzen kleben

So bauen die Bienen Waben

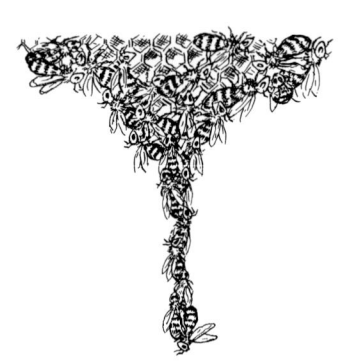

1. Wenn es draußen etwa 16 Grad warm ist, beginnen die Bienen aus Wachs Waben zu bauen.
Beim Bauen hängen sich die Bienen wie Zirkusartisten aneinander und bilden eine so genannte Bautraube.

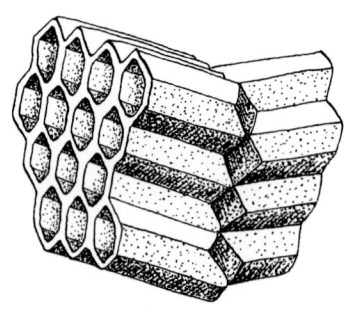

2. Auf beiden Seiten der Wabe werden die Zellen gezimmert. Es entstehen Tausende von sechseckigen Kammern, in denen später die Brut aufgezogen und die Nahrung gespeichert wird.

3. Doch woher nehmen die Bienen ihren Baustoff, das Wachs?
Jede Biene trägt eine kleine „Wachsfabrik" in sich. Etwa vom 12. bis 17. Lebenstag kann sie aus der Unterseite ihres Hinterleibs kleine Wachsplatten ausschwitzen.

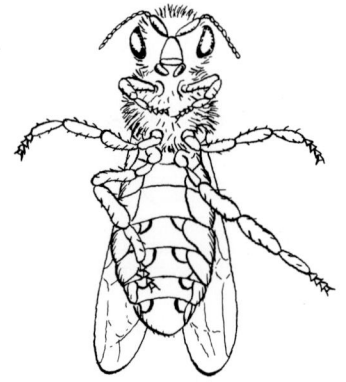

4. Das Wachs nimmt die Biene mit den Hinterbeinen ab, führt es zum Mund und kaut es weich. Dann heftet sie das Wachs an die „Baustelle", verteilt es sorgfältig und glättet es.

Überlege dir Fragen zum Text, schreibe sie auf und stelle sie anschließend deinen Mitschülern.

 Wie du am Bild der Wabe erkennen kannst, bauen die Bienen die Zellen leicht schräg nach oben. Warum wohl?

Wir basteln Kerzen aus Bienenwachs

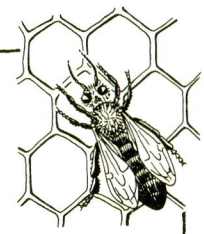

Du benötigst:
- Runddocht
- eine oder mehrere Wachsplatten

1. Die schmale Seite der Wachsplatte zeigt zu dir hin. Nun legst du den Docht an die Kante der schmalen Seite. Achte darauf, dass der Docht gerade liegt und an einer Seite ein Stückchen hinausragt.
Du drückst den Docht an und umwickelst ihn so fest mit der Kante, dass er nicht mehr herausgezogen werden kann. Jetzt hast du die erste Wicklung geschafft!

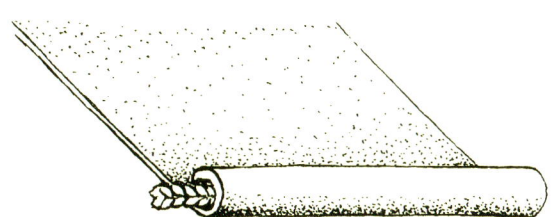

2. Nun rollst du die Platte vorsichtig zu einer Kerze.

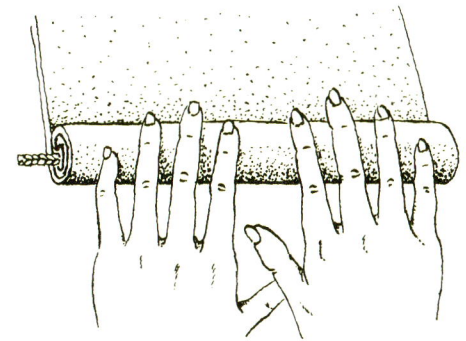

Tipp: Wenn du möchtest, kannst du verschieden starke Kerzen herstellen. Dazu verwendest du einfach mehrere Wachsplatten, die du nacheinander zusammenrollst. Denke daran, dass du bei dickeren Kerzen einen stärkeren Docht brauchst! Deine Kerzen könntest du bis Weihnachten aufbewahren und dann z. B. deinen Eltern schenken.

Aufgepasst: Zünde die Kerze niemals ohne einen Erwachsenen an!
Wonach wird die Kerze riechen?

Eine besondere Kerze aus Bienenwachs

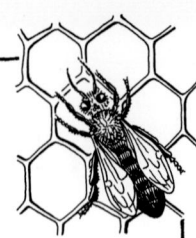

Schablone

1. Schneide die Schablone aus, lege sie auf eine Wachsplatte. Schneide dann an der Schablone entlang.

2. Lege den Docht so an die Kante wie du auf dem Bild siehst. An der rechten Seite muss der Docht etwas überstehen. Was meinst du, was nun für eine Kerzenform entstehen könnte? Überlege erst und rolle dann die Kerze.

3. Nahrungssuche und Bestäubung
Begleitkommentar zu den Lernmaterialien

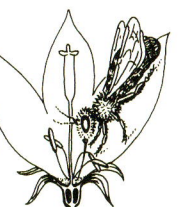

Von Blüte zu Blüte

Seite 33

Bei der Behandlung des Themas „Nahrungssuche und Bestäubung" ist es ratsam, die Einheit weiterzuführen und auch die Entstehung des Honigs zu erarbeiten (Seite 44). Dieses Arbeitsblatt, das die Nahrungssuche der Biene beschreibt, bereitet gleichzeitig auf die später im Buch folgende Bestäubungsleistung der Biene vor (Seite 35).

Die Beschriftung bezieht sich hauptsächlich auf die Blütenteile einer Blume, weil diese Kenntnisse zum Verständnis der weiteren Arbeitsblätter (Seiten 34 bis 37) notwendig sind. Wurden die Blütenteile noch nicht im Unterricht behandelt, so sollte den Kindern zunächst die Chance gegeben werden, sich das Wissen selbstständig zu erarbeiten. Dazu benötigen sie eine Auswahl leicht verständlicher und gut bebilderter Sachbücher.

Der Tipp, einmal selbst vom Nektar des Wiesenklees zu naschen, bereichert das Wissen der Kinder durch die dabei entstehenden Sinneserfahrungen. Es ist auch möglich, dass die Schüler zunächst eine Nektar saugende Biene beobachten (S. 36), ihre Entdeckungen schildern, dann dieses Arbeitsblatt sowie die folgenden zur Nahrungssuche und Bestäubung bearbeiten.

Die Höschen der Bienen

Seite 34

Der Text hat eine vorbereitende Funktion auf die folgende Seite „Was haben die Pflanzen von den Bienen?" (S. 35). Die Kinder müssen zunächst den Vorgang der Nahrungssuche begreifen, damit sie den gegenseitigen Nutzen von Biene und Pflanze verstehen können.

In der Regel haben sich die Arbeitsbienen entweder auf das Sammeln von Pollen oder auf die Nektarsuche spezialisiert.

Als Einstieg kann den Schülern eine vergrößerte Kopie der Bienen mit ihren Pollenhöschen gezeigt werden. Die Kinder äußern Vermutungen, um was es sich bei den Klümpchen an den Beinen handeln könnte und wie sie die Biene transportiert. Anschließend überprüfen die Schüler mit dem Arbeitsblatt, inwiefern ihre Thesen zutreffend sind.

Die gestellten Fragen zielen auf den knapp dargestellten Höselvorgang und auf wesentliche Begriffe. Ihre Beantwortung soll den Kindern den Sachverhalt verdeutlichen und der Ergebnissicherung dienen.

Was haben die Pflanzen von den Bienen?

Seite 35

Dieses Arbeitsblatt hat zwei Schwerpunkte: Zum einen wird die Bestäubung der Pflanzen durch die Bienen beschrieben. Zum anderen verdeutlicht der Text das besondere Wechselverhältnis zwischen Bienen und Pflanzen, die voneinander profitieren.

Für jeden der zwei Schwerpunkte ist ca. eine Stunde nötig. Beginnen sollte der Lehrer mit der Bestäubung. Hierbei sollten mit den Kindern die weiblichen und männlichen Blütenteile herausgearbeitet sowie der Unterschied zwischen Bestäubung und Befruchtung thematisiert werden. Bei der Bestäubung wird der Pollen auf die Narbe übertragen. Auf der Narbe keimen dann die Pollenkörner und bilden so genannte Pollenschläuche. Sie durchwachsen das Narben- und Griffelgewebe, um die Eizelle zu befruchten, die sich mit der Samenanlage im Fruchtknoten befindet.

Die im Text angesprochene Blütenstetigkeit der Bienen können die Kinder experimentell erfahren: Sie beobachten in Gruppen eine Biene, z. B. auf einer Löwenzahnwiese. Die Beobachtung sollte ein paar Minuten dauern, damit die Kinder merken, dass „ihre" Biene von Löwenzahnblüte zu Löwenzahnblüte fliegt. Anschließend stellen sie vorsichtig eine Vase mit anderen Blumen auf die Wiese, z. B. einen Rapsblütenstrauß, und beobachten, wie sich die Biene verhält. Hierbei werden sie merken, dass sich die Biene nicht an dem Strauß stört und weiter die Löwenzahnblüten besucht.

Welche Bedeutung gerade diese Blütenstetigkeit hat, sollte zum besseren Verständnis herausgearbeitet werden. Nur durch die Stetigkeit wird gewährleistet, dass der richtige Pollen auf die artgleichen Pflanzen übertragen wird und somit der Erhalt und Ertrag dieser Pflanzen stabilisiert bzw. gesteigert wird.

Die beiden Zusatzaufgaben sollen den Schülern unterstützend die Bedeutung der Honigbienen vor Augen führen.

Wir beobachten Bienen

Seite 36

Die Schüler sollten auf jeden Fall das Erlebnis haben, eine Nektar saugende Biene zu beobachten. Sie lernen dadurch auch mit anderen Sinnen und ihre Lern- und Experimentierfreude wird erhöht. Anstelle mit Zuckerwasser gefüllter Schälchen werden zur Beobachtung die Blumenmodelle verwendet, um die Motivation der Kinder zu steigern.

Bei diesem und dem folgendem Versuch (S. 37) dauert es womöglich lange, bis die Bienen vom Zuckersaft naschen. Gegebenenfalls misslingt das Experiment auch vollkommen. Um von vornherein günstige Voraussetzungen für das Gelingen zu schaffen, sollte der Versuch nur bei bestimmten Wetterverhältnissen durchgeführt werden:

Die Außentemperatur muss mindestens 16 Grad betragen, da die Bienen meistens erst ab dieser Temperatur aus dem Stock fliegen. Es darf nicht regnen und keine schwüle Witterung herrschen. Das Blumenmodell besitzt einige wesentliche und für das Experiment notwendige Merkmale einer Blüte: Die Blütenblätter aus Pappe, der Kelch aus einem Trinkhalm und der Stängel aus Bindedraht. Der Lehrer sollte darauf hinweisen, dass die Kelche nicht zu lang sein dürfen und bis zum Rand mit Zuckerwasser gefüllt sein müssen, damit die Bienen mit ihrem 7 mm langen Rüssel den süßen Saft mühelos erreichen können. Es sollten Trinkhalme mit einem Durchmesser von einem halben Zentimeter verwendet werden, weil sie genau durch das mit dem Locher gestanzte Loch passen.

Honig sollte nicht in die Blütenkelche gefüllt werden; einerseits wegen seiner Klebrigkeit und andererseits, weil viele Kinder und sogar noch manche Erwachsene meinen, dass die Bienen den fertigen Honig aus den Blüten sammeln. Um diese Auffassung nicht noch zu verstärken, sollen die Schüler etwas Zuckerwasser in den Kelch füllen, weil Nektar im Wesentlichen Zuckersaft ist: Der Hauptbestandteil ist eine wässrige Lösung verschiedener Zucker, wobei der Zuckergehalt beträchtlich variiert.

Im Grunde ist es egal, welche Farben die Blumen haben. Es ist aber empfehlenswert rote und blaue Blumen zu basteln, falls die Kinder auch den folgenden Versuch (Seite 37) durchführen möchten.

Versuch mit unseren Bienenblumen

Seite 37

Mit diesem Versuch finden die Bienenblumen der Kinder noch einmal Verwendung. In Anlehnung an einen Versuch des berühmten Bienenforschers Karl von Frisch sollen die Schüler herausfinden, ob die Bienen Rot und Blau voneinander unterscheiden können. Das Farbensehen der Biene hat mit dem des Menschen mehr Ähnlichkeit, als früher angenommen wurde. Die Hauptunterschiede liegen darin, dass die Bienen Rot und Schwarz nicht voneinander unterscheiden, jedoch im Gegensatz zum Menschen die ultravioletten Lichtstrahlen wahrnehmen können.

Der Lehrer sollte den Kindern unbedingt verdeutlichen, dass mit diesem Versuch keineswegs das Farbensehen der Bienen bewiesen ist. Das Experiment zeigt lediglich, dass die Bienen zwar Rot und Blau voneinander unterscheiden können, aber nicht, ob sie sich dabei an den verschiedenen Helligkeitsstufen orientieren oder tatsächlich die unterschiedlichen Farben erkennen. Weiterführend können die Kinder experimentieren und als „Forscher" tätig werden, indem sie z.B. die Dosierung des Zuckers und die Farbe der Blumen ändern, gestreifte Blumen malen oder auch andere Blütenformen basteln...

Wir machen es den Bienen nach – Von Blüte zu Blüte

Seite 37

Die Schüler sollen mit einem Pinsel eine Weile lang Blüten eines Obstbaumes bestäuben.

Mit diesem Versuch erlangen die Kinder durch ihr eigenes Tun eine Vorstellung davon, welche Bestäubungsleistung und mühselige Arbeit die Biene vollbringt. Falls nicht anders möglich, kann das Experiment auch in der Klasse mit einigen mitgebrachten Blütenzweigen durchgeführt werden. Das Experiment eignet sich auch gut als Hausaufgabe.

Die Abenteuer der Biene Caroline

Seite 38

Die Kinder werden zum kreativen Schreiben aufgefordert, indem sie eine Bienengeschichte zu Ende schreiben. Im Sitzkreis können die Schüler ihre Ideen zum Fortgang der Geschichte äußern, damit ihnen das Schreiben leichter fällt. Nach Kasper Spinner kann die Imagination durch eine Fantasiereise in meditativer Stille verstärkt werden.

Für einige Kinder sind eventuell Reizwörter eine Hilfe. Diese könnten sein: Rasenmäher, knattern, Hunde, bellen, husten, Fliegenklatsche, schlagen, Regen, prasseln, schimpfen. Wenn die Schüler die Reizwörter benutzen, müssen sie auf keinen Fall alle verwenden. Sie sind lediglich ein Vorschlag.

Sind die Geschichten fertig, ist es förderlich, wenn sich die Kinder im Sinne einer Schreibkonferenz (nach Gudrun Spitta) gegenseitig beraten und dabei auf Inhalt und dann auf Rechtschreibfehler achten. Die überarbeiteten Geschichten können auf ein von den Schülern gestaltetem Schmuckblatt geschrieben und anschließend in der Klasse ausgestellt werden.

Von Blüte zu Blüte

Die Bienen finden ihre Nahrung in den Blüten, die für sie leuchten wie bunte Lichter und herrlich duften. So fliegen sie von Blüte zu Blüte, um Pollen und Nektar für ihr Volk zu sammeln. Der Pollen liegt in den Staubbeuteln. Der Nektar ist der Zuckersaft der Blüte, aus dem die Bienen den Honig herstellen.

Meistens wird der Nektar auf dem Blütenboden abgesondert. Deshalb besitzt die Biene einen Saugrüssel, mit dem sie den süßen Saft wie mit einem Trinkhalm aufsaugt.

Durch den Mund und die Speiseröhre fließt der Nektar dann in den Honigmagen. Obwohl dieser Magen kaum größer ist als ein Stecknadelkopf, muss die Biene bis zu 1000 Blüten besuchen, um ihn zu füllen.

Wenn der Magen voll ist, kehrt sie zu ihrem Volk zurück und gibt den Nektar an die Stockbienen ab. Nur ganz wenig davon behält sie als Nahrung für sich selbst. Dann fliegt sie wieder von Blüte zu Blüte.

Auf dem Bild siehst du eine Biene auf einer Blüte. Beschrifte die Abbildung! Wenn du die Teile einer Blüte nicht kennst, hole dir Hilfe aus Büchern!

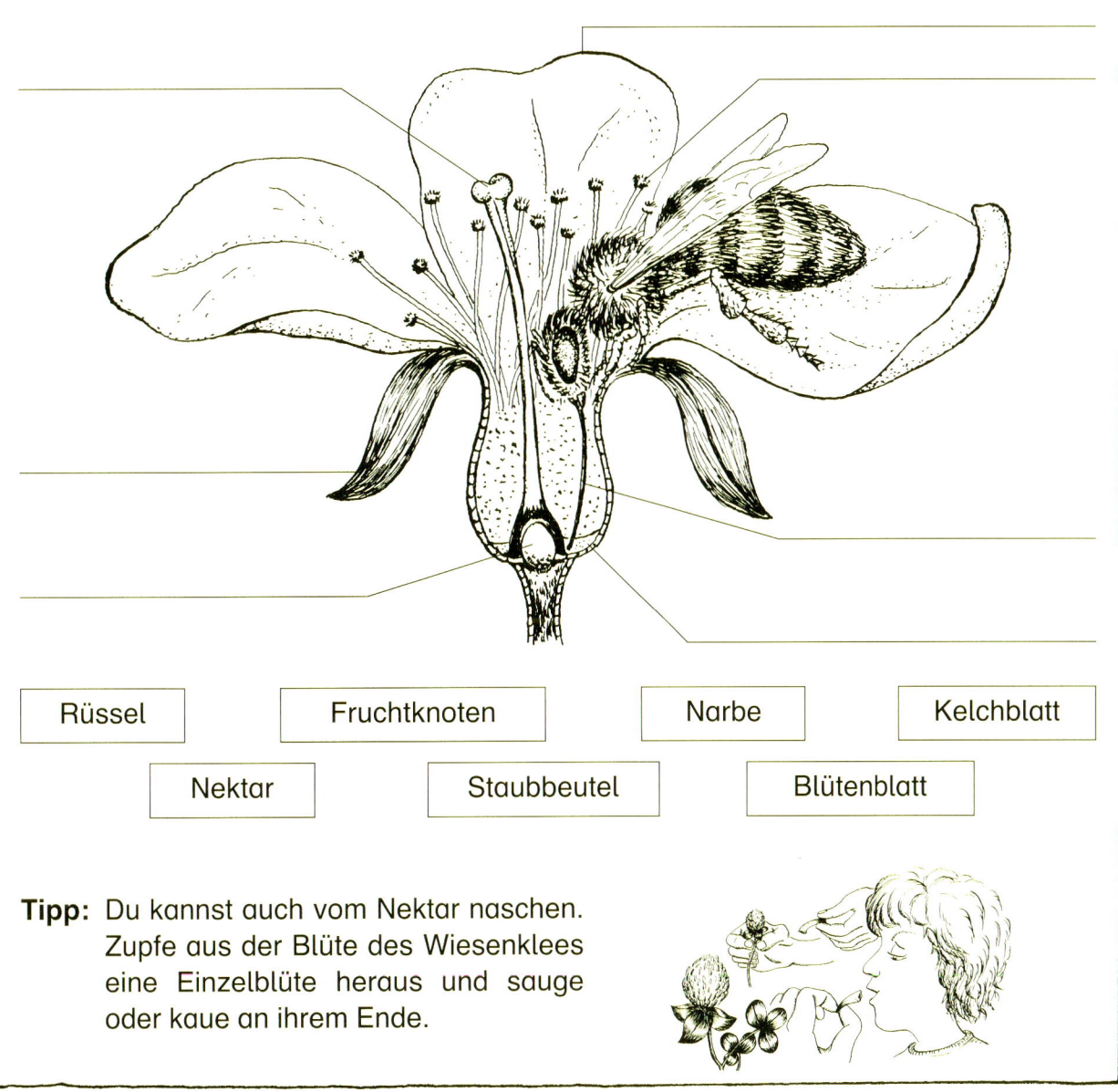

| Rüssel | Fruchtknoten | Narbe | Kelchblatt |

| Nektar | Staubbeutel | Blütenblatt |

Tipp: Du kannst auch vom Nektar naschen. Zupfe aus der Blüte des Wiesenklees eine Einzelblüte heraus und sauge oder kaue an ihrem Ende.

Die Höschen der Bienen

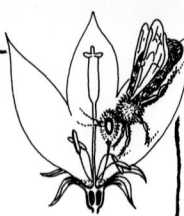

Bei ihren Blütenbesuchen wird die Biene mit Pollen, dem Blütenstaub, berieselt. Weil er in ihren Haaren hängen bleibt, sieht die Biene so aus, als ob sie in eine Puderdose gefallen wäre. Während die Biene zur nächsten Blüte fliegt, bürstet sie sich mit den Hinterbeinen. Den so zusammengefegten Blütenstaub schiebt sie in kleine Vertiefungen, die sich an ihren Hinterbeinen befinden. Diese Vertiefungen heißen **Körbchen**. Darin sammelt die Biene den Pollen, der mit etwas mitgebrachtem Honig zu Klümpchen zusammengeklebt wird.

Weil diese Pollenklumpen an beiden Beinen wie kleine Hosen aussehen, werden sie **Höschen** genannt. Nach jedem Blütenbesuch werden die Höschen dicker, bis schließlich die Körbchen gefüllt sind. Dann fliegt die Biene zurück zum Stock, streift die Höschen ab und macht sich auf zu neuen Blütenbesuchen. Der eingetragene Pollen wird von den Stockbienen in den Vorratszellen verstaut.

Kannst du auf dem Bild die Höschen erkennen?

1. Was macht die Biene, wenn der Pollen in ihren Haaren hängen bleibt?

   _____

   _____

   _____

2. Worin sammelt sie den Pollen? _____

3. Wie nennt man die Pollenklümpchen an den Hinterbeinen?

   _____

50 000 Höschenpaare der Bienen sind nötig, damit ein Kilogramm Pollen zusammenkommt. Es wird in 2500 Zellen eingelagert. Wie viele einzelne Höschen (Pollenklumpen) brauchen die Bienen für zwei Kilogramm Pollen? In wie viele Zellen bringen die Bienen die zwei Kilogramm unter?

Was haben die Pflanzen von den Bienen?

Die Bienen holen sich Nahrung aus den Blüten. Dabei leisten sie auch den Pflanzen einen wichtigen Dienst, denn durch die Bienen werden sie bestäubt. Das geschieht so: Bei den Blütenbesuchen wird die Biene mit Pollen bepudert. Sie klebt den Blütenstaub zwar an ihren Hinterbeinen fest, doch etwas Blütenstaub bleibt immer in ihren Haaren hängen. Wenn die Biene in die nächste Blüte kriecht, gelangen dabei einige Pollenkörner auf die klebrige Narbe. Jetzt hat die Biene unbewusst die Blüte bestäubt und trägt damit zur Fortpflanzung bei.

Entscheidend aber ist, dass die Bienen so lange zu den Blüten der gleichen Pflanzenart fliegen, bis sie dort keine Nahrung mehr finden. Wenn sie also bei den Apfelblüten angefangen haben, besuchen sie nur Apfelblüten und lassen sich auch nicht von einer Löwenzahnwiese anlocken. Erst wenn sie in den Apfelblüten keine Nahrung mehr finden, wechseln sie. So gelangt der richtige Pollen auf die passende Pflanzenart. Die Bienen tragen also dazu bei, dass viele Pflanzen erhalten bleiben und Obst und Feldfrüchte geerntet werden können.

1. Wohin überträgt die Biene den Pollen?
2. Wie funktioniert die Bestäubung der Pflanzen durch die Bienen? Erläutere dies deinem Nachbarn!

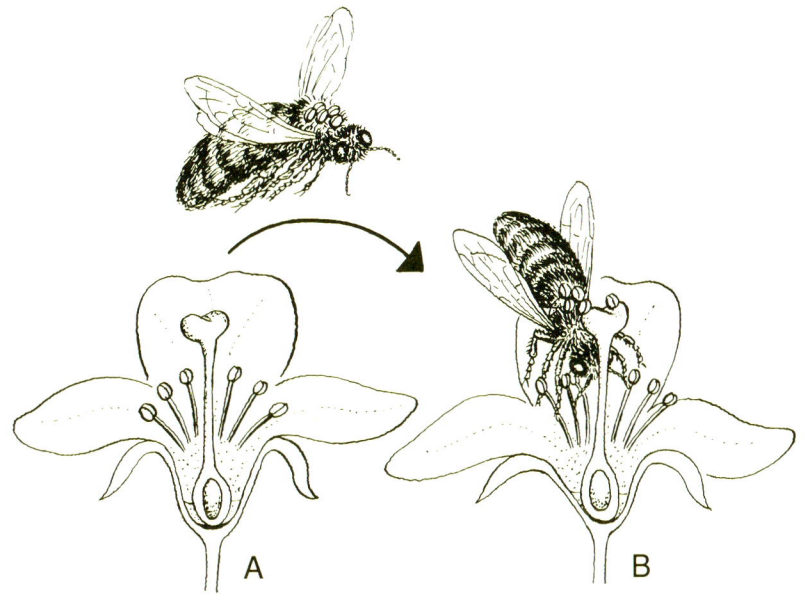

 An einem blühenden Apfelbaum wurde ein Versuch durchgeführt: Mit einem dichten Netz wurde ein Ast eingebunden. Aus den Blüten dieses Astes entwickelten sich keine Früchte. An anderen Zweigen wuchsen aber reichlich Früchte. Warum?

 Manche Obstbauern zahlen Imkern Geld, wenn sie ihre Bienenstöcke an den Obstwiesen aufstellen. Begründe!

Wir beobachten Bienen

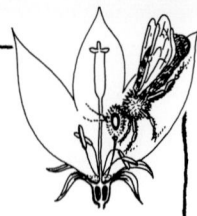

Mit den bunten Bienenblumen aus Pappe kannst du die Bienen aus der Nähe betrachten und sie beim Nektarsaugen beobachten.

Du benötigst:

- Trinkhalm
- Bastelkarton
- Schere
- Kleber
- dünner Draht
- etwas Zuckerwasser
- eventuell eine Pipette

1. Zerschneide den Trinkhalm in etwa 2 cm lange Stücke. Knicke bei jedem Trinkhalmstück das untere Ende um und umwickle es fest mit dem Draht. Das Trinkhalmende wird so zum Blütenkelch und der Draht zum Stängel.

2. Zeichne eine Blüte auf den Bastelkarton und schneide sie aus.

3. Stanze mit dem Locher in die Mitte der Blüte ein Loch. Stecke das Trinkhalmstück so durch, dass sein offenes Ende auf der gleichen Höhe der Blütenblätter liegt. Klebe die Blüte am Halm fest.

4. Stecke die Blume in den Rasen oder in einen Blumentopf. Dann füllst du etwas Zuckerwasser in den Blütenkelch. Am besten verwendest du dafür eine Pipette.

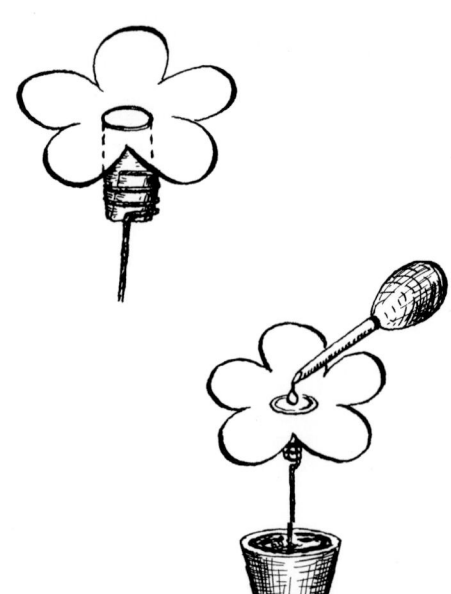

Zuckerwasser-Rezept:

In einen Messbecher füllst du 100 ml Wasser. Dann gibst du etwa zwei Esslöffel Zucker hinzu und verrührst alles gut. Fertig ist das Zuckerwasser!

Versuch mit unseren Bienenblumen

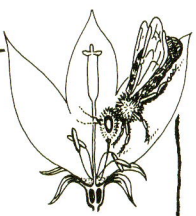

Ob Bienen Rot und Blau voneinander unterscheiden können, kannst du selbst erforschen. Wenn du dazu eine eigene Idee hast, dann lies ab hier nicht weiter.

Du benötigst:
- eine rote und zwei blaue Bienenblumen
- Zuckerwasser

1. Du steckst die blaue Blume mit etwas Zuckerwasser im Blütenkelch in den Rasen. Wenn du Glück hast, kommen bald Bienen, um von dem süßen Wasser zu naschen.
2. Wenn die Bienen ein paarmal heimgeflogen und wiedergekommen sind, entfernst du die blaue Bienenblume.
3. Neben die bisherige Futterstelle steckst du die rote und die andere blaue Blume in den Rasen. In beide Bienenblumen füllst du kein Zuckerwasser. Was passiert?

Von Blüte zu Blüte –
Wir machen es den Bienen nach

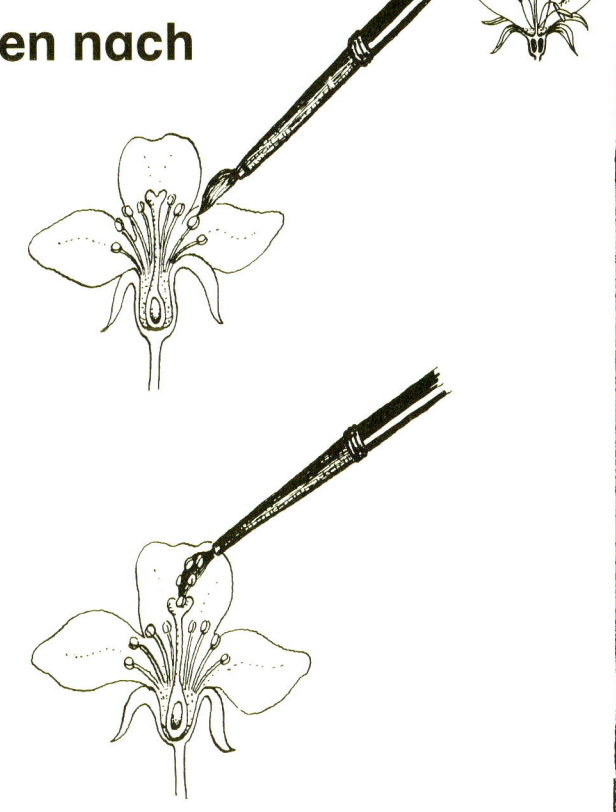

1. Du kannst auch wie die Bienen Blüten bestäuben. Gehe zu einem blühenden Obstbaum und suche dir einen Ast, den du mühelos erreichen kannst. Mit einem Haarpinsel berührst du die Staubbeutel einer Blüte.

2. Zwischen den Pinselhaaren bleiben Blütenpollen hängen. Nun hebst du den Pinsel vorsichtig zur nächsten Blüte und streifst die Pollen an der Narbe ab. Diesen Vorgang wiederholst du mehrmals. Wie viele Blüten schaffst du in einer Minute?

Die Abenteuer der Biene Caroline

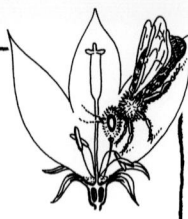

Als die Sonne hinter den Hügeln hervorkroch und ihre Strahlen die Erde wärmten, machte sich Biene Caroline auf den Weg. Wie an jedem Tag hatte sie viel zu tun. Ein paar Gärten weiter stand ein Apfelbaum in voller Blüte. Dorthin wollte Caroline fliegen, denn zu Hause warteten schon viele hungrige Bienenkinder. Als sie so daherflog, hörte sie plötzlich …

4. Verständigung der Bienen
Begleitkommentar zu den Lernmaterialien

Wie Bienen sich verständigen:
Der Rundtanz
und der Schwänzeltanz

Seite 40/41

Nachdem die Nahrungssuche und Bestäubungsleistung der Bienen behandelt worden sind, beschreiben diese Arbeitsblätter, wie sich die Bienen über gefundene Trachtquellen verständigen.

Wichtig ist, dass die Schüler die Bienentänze grob voneinander unterscheiden können und sie als eine andere Form der Kommunikation im Gegensatz zur Sprache kennenlernen.

Die Kinder können anschließend darüber diskutieren, welche Schwierigkeiten sich ergeben, wenn alle Menschen plötzlich nicht mehr reden und schreiben würden.

Wie Bienen sich verständigen – Der Rundtanz

Findet eine Sammlerin eine neue Futterstelle, dann dauert es nicht lange, bis sich dort mehrere hundert Bienen einfinden. Es scheint fast so, als würde sie den anderen Bienen davon „erzählen". Doch wie macht sie das? Der berühmte Forscher Karl von Frisch hat herausgefunden, dass sich die Bienen durch Tänze verständigen, wie durch den **Rundtanz**:

Wenn die Biene zum Stock zurückgekehrt ist, läuft sie auf der Wabe im Kreis herum. Dabei ändert sie häufig die Richtung. Mal läuft sie rechts herum, mal links.

Im dunklen Stock folgen die anderen Bienen der Tänzerin, beriechen und betasten sie mit ihren Fühlern. Durch den Duft, der in den Haaren haftet, und durch eine mitgebrachte Kostprobe erfahren sie, um welche Blüte es sich handelt.

Je schneller getanzt wird, desto ergiebiger ist die Futterstelle. Dieser Rundtanz zeigt den Bienen an, dass sie die Nahrung rund um den Stock suchen müssen – bis etwa hundert Meter Entfernung.

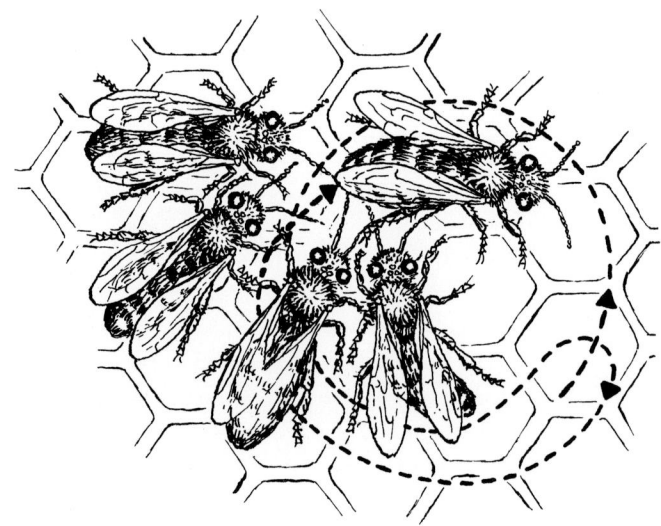

1. Was macht die Biene, wenn sie zurückkommt? _____

2. Was tun die anderen Bienen? _____

3. Was bedeutet der Rundtanz? _____

Wie Bienen sich verständigen – Der Schwänzeltanz

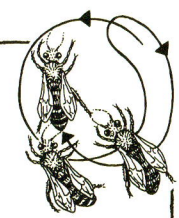

Findet die Sammlerin eine Futterstelle, die mehr als 100 Meter vom Stock entfernt ist, teilt sie dies den anderen Bienen durch den **Schwänzeltanz** mit. Dabei läuft sie zwei Kreise, die in der Mitte eine gemeinsame Linie haben. Es sieht ungefähr so aus, als ob die Biene der Form einer 8 folgt. Zunächst läuft sie nach rechts und dann nach links.

Der Schwänzeltanz hat seinen Namen daher, weil die Biene auf der Mittellinie ihren Hinterleib heftig hin und her bewegt: Sie schwänzelt. Die Mittellinie ist sehr wichtig, weil sie anzeigt, in welcher Richtung sich die Futterstelle befindet. Läuft die Biene auf dieser Linie von unten nach oben, liegt die Futterstelle genau in Richtung der Sonne. Die mittanzenden Bienen müssen also auf die Sonne zufliegen, um nach der Nahrung zu suchen.

Läuft die Tänzerin auf der Mittellinie von oben nach unten, liegt das Futter entgegengesetzt von der Sonne. Auch Abweichungen nach links und rechts kann die Biene durch den Schwänzeltanz anzeigen. Je schneller sie tanzt, desto näher liegt die Futterquelle. Bienen entfernen sich bis zu drei Kilometer vom Stock.

1. Was bedeutet die Mittellinie?

   _____
   _____
   _____
   _____
   _____
   _____
   _____
   _____
   _____

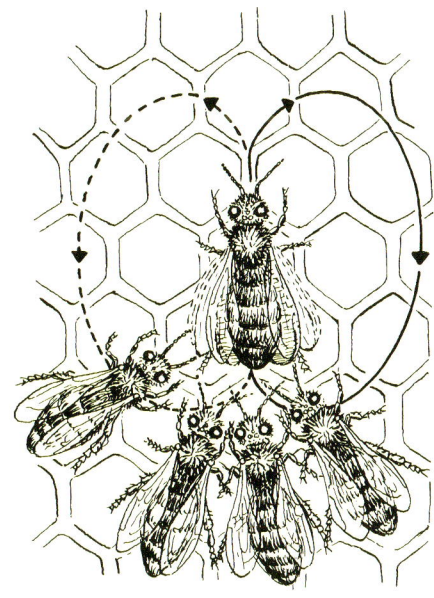

2. Schaue dir genau an, wie die Bienen auf der Mittellinie tanzen. In welcher Richtung müssen sie die Nahrung suchen? Zeichne die Futterstelle ein!

 Denke dir zusammen mit anderen Kindern einen Bienentanz aus und führe ihn mit deinen Gruppenmitgliedern der Klasse vor!

5. Honig
Begleitkommentar zu den Lernmaterialien

Aus Nektar wird Honig

Seite 44

Viele Kinder und teilweise auch Erwachsene haben die Vorstellung, dass die Bienen den fertigen Honig aus den Blüten sammeln. Die Tatsache, dass der Honig erst durch die Bienen entsteht, ist ihnen nicht bekannt. Formulierungen wie „Honigsammlerinnen" in manchen Büchern als Synonym für die Bienen tragen zu solchen falschen Auffassungen bei.

Aus diesen Gründen ist es wichtig, dass die Entstehung des Honigs durch die Bienen thematisiert wird, besonders dann, wenn die Nahrungssuche der Biene als ein Schwerpunktthema ausgewählt wurde.

Die Kinder sollen ihr erworbenes Wissen durch die Nummerierung der Sätze in der richtigen Reihenfolge festigen. Sie können die Sätze auch auf einem gesonderten Blatt aufkleben oder sauber abschreiben.

Wie viel ist ein Glas Honig wert?
(Gespräch mit der Bienenkönigin)

Seite 45

Das Gedicht von Josef Guggenmos stellt in amüsanter Form das Gespräch zwischen einem Honigkäufer und einer geschäftstüchtigen Bienenkönigin dar. Zunächst sollen die Schüler das Gedicht leise für sich lesen. Schnell lesende Kinder können anschließend die Mathematikaufgabe lösen. Ein Gespräch über das Gedicht sollte folgen, damit sich die Schüler über den Inhalt und den Dialogcharakter bewusst werden.

Das Lesen in verteilten Rollen erleichtert den Kindern das anschließende Nachspielen des Gedichts. Mit einer kleinen Vorstellung in der Klasse sollten die Interpretationen der Kinder gewürdigt werden.

Wir testen Honigsorten

Seite 46

Beim Honigtest sollen die Kinder selbst herausfinden, welche Honigsorten es gibt und wie sie sich voneinander unterscheiden. Der Test ist eine Ergänzung zu den vorherigen Arbeitsblättern: die theoretischen Grundlagen werden hier durch praktische Erfahrungen ergänzt. Kinder lernen am besten ganzheitlich und beim Honigtest werden viele Sinne angesprochen.

Vor der Durchführung sollten die Kinder im Sitzkreis erzählen, zu welchen Gelegenheiten sie Honig essen und wie sie ihn verwenden (z. B. zum Süßen). Kriterien für den Test wurden nicht vorgegeben, damit die Schüler selbstständig planen und entscheiden, welche Untersuchungen sie vornehmen möchten.

Der Schwerpunkt des Tests sollte allerdings auf den sinnlich-erfahrbaren Kriterien liegen, wie z. B. Geschmack, Geruch oder Farbe. Aspekte wie Festigkeit oder Geschmack untersuchen sie mit Hilfe von Teststäbchen.

Der Vergleich von Gewicht und Preisunterschieden ist auch erlaubt, jedoch sollten sich die Schüler nicht ausschließlich darauf beschränken. Um relativ viele Honigsorten zusammen zu bekommen, soll, wenn möglich, jedes Kind von zu Hause Honig mitbringen. Jeder Schüler füllt sein eigenes Arbeitsblatt aus, weil die Sinnesempfindungen bei jedem Menschen unterschiedlich sein können. Anschließend sollte eine Gruppe ihre ausgewählten Untersuchungskriterien sowie Ergebnisse vortragen, die innerhalb der Gruppe auch unterschiedlich sein können. Andere Gruppen sollten noch nicht genannte Kriterien ergänzen und sich äußern, wenn zum selben Untersuchungskriterium andere Ergebnisse erzielt wurden. Sinnvoll ist eine folgende Diskussion über Kriterienauswahl, unterschiedliche Ergebnisse, über Probleme bei der Untersuchung und über mögliche Verbesserungen.

Schnell arbeitende Gruppen können sich überlegen, welche Unterschiede es zwischen Zucker und Honig bezüglich Geschmack, Aussehen und Zusammensetzung gibt.

Der Bär und die Bienen

Seite 47

Zur musikalischen und szenischen Umsetzung machen Geck u. a. folgende Vorschläge:
Musikalische Begleitung:

1. Strophe:

Das Brummen des Bären wird mit der Stimme, das Tappen durch Schläge auf eine tiefe Trommel dargestellt.

2. Strophe:

Das Summen der Bienen wird durch Kazoos (Tröten) lebendig.

3. Strophe:

Die schwirrenden und stechenden Bienen werden

durch das Flexatom, das Jammern des Bären wird durch Geräusche mit dem Blockflötenkopf oder der Stimme dargestellt.

Szenisches Spiel des Liedes:

1. Strophe:
Der Bär tappt herum und sucht den Bienenkorb.

2. Strophe:
Die Bienen schwirren aus und stechen den Bären.

3. Strophe:
Der Bär hält sich den Kopf.

Nachspiel:
Ein kleiner Tanz der Bienen, in dem sie mit dem Finger mahnen.

Eine Möglichkeit zur Konzentration mit dem ganzen Körper bietet das Spiel „Fleißige Bienen" (vgl. Portmann/Schneider 2004, S. 79):
Die Kinder wählen eine Bienenkönigin und bilden dann Paare mit ihren anderen Klassenkameraden. Die Bienenkönigin gibt verschiedene Befehle wie z. B.: „Stellt euch Rücken an Rücken", „Steht auf einem Bein" oder „Gebt euch die Hände". Wenn sie aber „fleißige Bienen" ruft, fliegen alle Paare auseinander und jeder sucht sich einen neuen Partner. Die Bienenkönigin versucht derweil, eine allein fliegende Biene einzufangen. Gelingt ihr dies, so bildet sie mit ihr ein neues Paar. Neue Bienenkönigin wird dasjenige Kind, das keinen neuen Partner mehr gefunden hat.

Honig-Quarkspeise und Bratäpfel mit Honigfüllung

Seite 43

Mit den beiden Rezepten sollen die Schüler den Honig als Süßmittel und als eine sinnvolle Alternative zum Zucker kennenlernen.

Wird der Honig über 40 Grad erhitzt wie beim Bratäpfelrezept, werden die Fermente und Inhibine zerstört. Doch allein wegen seiner guten Bekömmlichkeit sowie den über 100 Aromakomponenten lohnt es sich, Honig zu verwenden. Zum Süßen eignen sich Sorten mit geringem Eigengeschmack wie Raps-, Klee- oder Akazienhonig. Zum Zubereiten von Speisen empfiehlt es sich, günstige und flüssige Honige zu verwenden. Im Gegensatz zum Blatthonig (z. B. Waldhonig) ist Blütenhonig ohne Behandlung immer von eher fester Konsistenz. Ist er flüssig, so wurde er über die besagten 40 Grad erhitzt. Da sich aber flüssiger Honig besser verarbeiten lässt und er beim Backen der Bratäpfel sowieso stark erhitzt wird, sollte der gute und teure Honig vom Deutschen Imkerbund oder aus dem Reformhaus lieber für Frühstücksbrötchen aufgespart werden. Die Kinder können auch ihre Eltern zu einem gemeinsamen Essen in die Schule einladen.

Die Schüler können natürlich auch noch weitere Rezepte mit Honig suchen und ihr eigenes „Honig-Rezept-Buch" erstellen.

Honig – Speise der Götter

Seite 49

Das Arbeitsblatt, das die geschichtliche Bedeutung des Honigs beschreibt, ist auch als Differenzierung geeignet, z. B. nach Bearbeitung von „Aus Nektar wird Honig" (Seite 44). Schüler, die den Text über die Speise der Götter erarbeitet haben, können bei passender Gelegenheit im Unterricht den anderen Kindern von der früheren Bedeutung und Verwendung des Honigs berichten.

Bei der ersten Aufgabe reicht es völlig aus, wenn die Schüler begründen, dass beim Erwärmen des Honigs über 40 Grad wichtige Inhaltsstoffe zerstört werden. Die zweite Aufgabe fordert die Schüler heraus, sich aus verschiedenen Quellen zu informieren, diese Informationen zu bewerten und ein eigenes Urteil zu bilden. Diese Aufgabe können sie natürlich nicht während der Schulzeit durchführen, aber vorbereiten: Sie überlegen sich, wen sie befragen möchten, was sie fragen möchten und wie sie sich untereinander die Arbeit aufteilen wollen.

Aus Nektar wird Honig

Aus dem gesammelten Nektar stellen die Bienen den Honig her. Das macht viel Arbeit, denn für nur einen Teelöffel Honig brauchen sie Nektar aus etwa 50 000 Blüten. Schon bei der Aufnahme vermischen die Sammlerinnen den wässrigen Blütensaft mit einigen Körpersäften. Im Stock würgen sie den Mageninhalt wieder aus. Dann geben sich die Stockbienen den ausgewürgten Nektar von Mund zu Mund weiter und fügen ebenfalls Körpersäfte hinzu. Beim Weiterreichen verdunstet viel Wasser im warmen Stock. Von der letzten Arbeiterin wird der so entstandene Honig in den Zellen eingelagert.

Der Honig ist aber noch viel zu dünnflüssig, um haltbar zu sein. Etwas Wasser muss noch verdunsten. Deshalb stellen sich die Bienen auf die Waben und fächeln mit ihren Flügeln, um den Honig weiter einzudicken. Wenn der Honig fertig ist, bauen die Bienen dünne Wachsdeckelchen über die Zellen. Viele Zellen zusammen bilden eine Wabe. Der Imker nimmt dann die gefüllten Waben aus dem Stock. Der Honig wird mit einer Maschine, der Honigschleuder, aus den Waben herausgeschleudert.

Hier ist einiges durcheinandergeraten. Nummeriere die Kästchen in der richtigen Reihenfolge!

- [ ] Zunächst reichen sich die Stockbienen den Nektar von Mund zu Mund weiter und fügen Körpersäfte hinzu.
- [ ] Weil er noch zu dünnflüssig ist, fächeln die Bienen mit ihren Flügeln, damit noch mehr Wasser verdunstet.
- [ ] Die Bienen machen den Honig aus dem Nektar.
- [ ] Schließlich wird der so entstandene Honig in den Zellen eingelagert.
- [ ] Nun ist der Honig reif und der Imker kann ihn mit der Honigschleuder aus den Waben schleudern.
- [ ] Dabei verdunstet viel Wasser im warmen Stock.
- [ ] Dann verdecken sie die Zellen.

Wovon ernähren sich die Bienen, wenn der Imker ihren Vorrat, den Honig, erntet? Informiere dich!

Wie viel ist ein Glas Honig wert?
(Gespräch mit der Bienenkönigin)

„Erlauben Sie mir, einen Wunsch zu sagen.
Ich möchte ein Glas Honig haben.

Was kostet's? Ich bin zu zahlen bereit.
Für was Gutes ist mir mein Geld nicht leid."

„Sie wollen was Gutes für Ihr Geld?
Sie kriegen das Beste von der Welt!

Sie kaufen goldenen Sonnenschein,
Sie kaufen pure Gesundheit ein!

Was Bessres als Honig hat keiner erfunden.
Der Preis? Ich verrechne die Arbeitsstunden.

Zwölftausend Stunden waren zu fliegen,
um so viel Honig zusammenzukriegen.

Ja, meine Leute waren fleißig!
Die Stunde? Ich rechne zwei Mark dreißig.

Nun rechnen Sie sich's selber aus!
27 000 kommt heraus.

27 000 Mark und mehr.
Hier ist die Rechnung, ich bitte sehr!"

Josef Guggenmos

1. 27 000 Mark und mehr … 27 000 Mark sind heute ungefähr 13 500 €. Stimmt der Preis? Was kostet ein Glas Honig im Supermarkt?
2. Lies das Gedicht in verteilten Rollen mit deinem Nachbarn.
3. Wenn du möchtest, kannst du das Gedicht mit deinem Nachbarn in der Klasse aufführen.

Quelle: Josef Guggenmos: Was denkt die Maus am Donnerstag?
Beltz & Gelberg, Weinheim und Basel 1998.

Wir testen Honigsorten

1. Bilde mit drei oder vier Kindern zusammen eine Gruppe.
2. Überlegt euch gemeinsam, welche Merkmale ihr beim Honig untersuchen könnt.
3. Führt eure verschiedenen Untersuchungen immer zuerst mit einer Honigsorte durch. Wenn ihr damit fertig seid, nehmt ihr euch die nächste Honigsorte vor.
4. Zum Probieren verwendet ihr Teststäbchen, z. B. klein geschnittene Trinkhalme, die ihr nach dem Schmecken jeder Honigsorte sofort wegwerft. Jedes Kind hat seine eigenen Teststäbchen!
5. Wenn ihr fertig seid, fragt doch mal eure Klassenkameraden, ob sie noch andere Honigsorten haben. Ihr könnt dann die Honige austauschen und weiter testen.

Honigsorte			

Der Bär und die Bienen

Text und Melodie: Martin Geck

1. Tief im Walde brummt der Bär; er ist hinterm
Honig her. Tobt herum den ganzen Tag,
weil er so gern Süßes mag.
Brumm brumm brumm, brumm brumm, brumm brumm.

2. Doch die Bienlein wehren sich:
   „Wart' nur ab, wir kriegen dich!"
   Und schon naht der ganze Schwarm;
   sticht den Bär'n, dass Gott erbarm.
   Summ summ summ,
   summ summ, summ summ.

3. Traurig hält der arme Tropf
   seinen heißen, dicken Kopf.
   Die Moral vor der Geschicht:
   Nasch von fremdem Honig nicht.
   Dumm dumm dumm,
   dumm dumm, dumm dumm.

aus: Professor Jecks Tierlieder ABC
© Klangfarben Musikverlag Dortmund

Honig-Quarkspeise
(für vier Personen)

Du benötigst:

- 500 g Speisequark
- 12 Esslöffel Sahne
- 2 Bananen
- Saft von 2 Zitronen
- 4 reife Pfirsiche
- 1 Teelöffel Pfefferminz
  (z. B. aus dem Teebeutel)
- 4 Esslöffel Honig

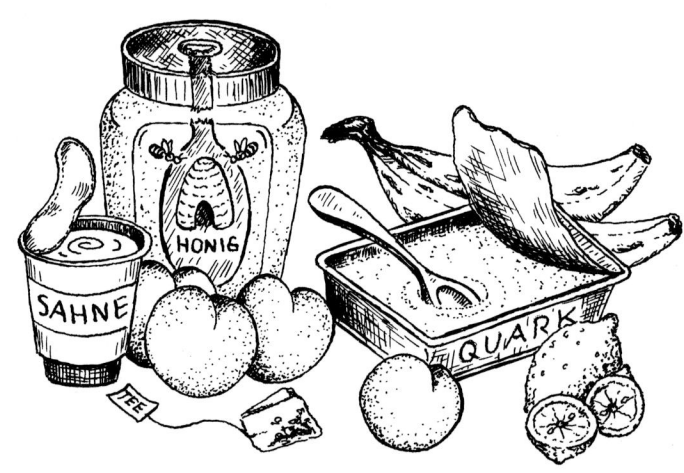

1. Verrühre den Quark mit der Sahne.
2. Schäle die Bananen und zerdrücke sie mit einer Gabel auf einem Teller.
3. Schneide die Pfirsiche in Würfel und entferne die Steine.
4. Gib Bananen, Pfefferminz und den Honig zum Quark hinzu und verrühre alles gut miteinander. Fertig ist die Honig-Quarkspeise!

Bratäpfel mit Honigfüllung
(für vier Personen)

Du benötigst:

- 4 mittelgroße Äpfel
- 2 gestrichene Teelöffel Honig
- 2 Teelöffel gemahlene Mandeln
- 2 Teelöffel Rosinen

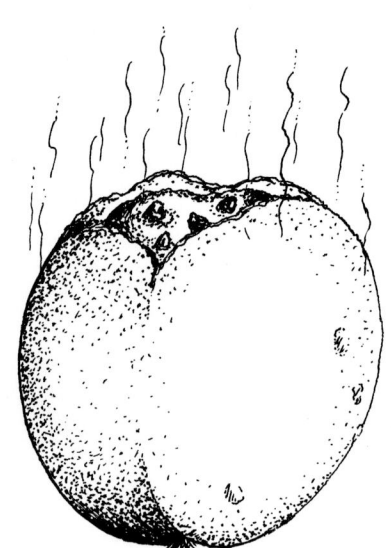
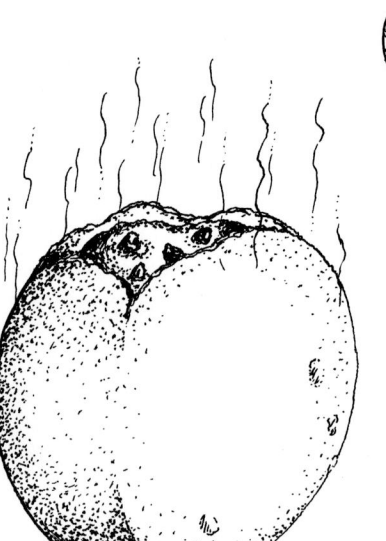

1. Verrühre den Honig, die Mandeln und die Rosinen miteinander.
2. Entferne mit dem Ausstecher das Kerngehäuse der Äpfel und fülle die Höhlung mit den Zutaten.
3. In einer Backform musst du die Äpfel bei 175 Grad Celsius etwa eine halbe Stunde in den Ofen stellen.

Honig – Speise der Götter

Der Honig hat eine lange Geschichte. Schon im alten Ägypten war Honig beliebt und teuer, denn ein Topf Honig kostete so viel wie ein Rind oder ein Esel. Hohen Beamten wurde der Lohn in Honig ausbezahlt. Honig, der als „Speise der Götter" galt, verwendete man auch als Salbe gegen Skorpionbisse und Vergiftungen aller Art.

Ebenso wussten die Griechen den Honig zu schätzen. Für sie war der Honig eine der Quellen für Weisheit und Dichterkunst. Bei den Olympischen Spielen tranken damals die erschöpften Athleten Honigwasser, um sich zu stärken.

Der griechische Arzt Hippokrates, der 400 Jahre vor Christus gelebt hat, setzte den Honig bei Fieber ein. Gegen verschiedene Beschwerden kannten seine Schüler 300 Honigrezepte.

Auch im alten Rom wurde die Imkerei geschätzt. Jeder römische Bauernhof hatte mindestens ein Bienenhaus. Sogar Göttern und den Seelen der Verstorbenen wurde der Honig geopfert. Die römischen Ärzte waren überzeugt, dass der Honig den Menschen gesund erhält.

Als es im Mittelalter in Deutschland die ersten Berufsimker gab, wurde das Verfälschen des Honigs streng bestraft: Entweder mit 65 Pfund Pfennigen oder aber mit dem Verlust einer Hand. Urkunden aus dem Mittelalter beweisen, wie sehr der Honig benötigt wurde, denn der besondere Saft war zu dieser Zeit das einzig bekannte Süßungsmittel, da der Rübenzucker noch nicht entdeckt worden war.

Römischer Bienengarten, Holzschnitt um 1505
© Bienenmuseum Illertissen – Sammlung K. A. Forster

 „Heiße Milch mit Honig" ist ein altes Hausrezept gegen Erkältung. Imker empfehlen aber, entweder die Milch und den Honig getrennt zu sich zu nehmen oder das Getränk nur bis 40 Grad Celsius zu erwärmen. Kannst du dir vorstellen, warum?

 Wie gesund ist der Honig heutzutage? Befrage verschiedene Experten und vergleiche ihre Meinungen. Die Aufgabe kannst du dir mit anderen Kindern teilen.

6. Verschiedenes rund um die Biene
Begleitkommentar zu den Lernmaterialien

Auf und davon – Wenn die Bienen schwärmen
Seite 52

Bei diesem Arbeitsblatt geht es um die Hintergründe des Ausschwärmens der Bienen, das die Imker meistens jedoch verhindern können. Sie geben ihnen beispielsweise genügend Raum zum Bauen oder entfernen die Weiselwiegen, welche die Arbeiterinnen in Schwarmstimmung vermehrt bauen. Aufgabe der Kinder ist es, den Text gründlich zu lesen, um die Fragen richtig zu beantworten, die auf grundlegende Aspekte zielen. Die Bearbeitung eignet sich auch gut als Differenzierung. So können die Schüler hinterher als „Experten" ihren Klassenkameraden Rede und Antwort stehen, warum die Bienen im Frühjahr den Drang haben, zu schwärmen.

Bienen und Wespen
Seite 53

Durch das ähnliche Aussehen werden Bienen und Wespen häufig miteinander verwechselt. Jeder zweite Deutsche kann eine Biene nicht von einer Wespe unterscheiden. Die Merkmale der Wespen beziehen sich auf zwei Arten der Gattung Paravespula: Die gemeine Wespe (Paravespula vulgaris) und die deutsche Wespe (Paravespula germanica), weil sie am häufigsten in der Lebenswirklichkeit der Schüler vorkommen. Die gemeine und die deutsche Wespe sind die bekannten und unliebsamen Besucher unserer Kaffeetische.
Daneben gibt es noch mehrere ähnlich aussehende Arten der Gattungen Vespula, Paravespula, Dolichovespula und Pseudovespula in Wald und Feld, die aber den Menschen in Häusern und Gärten nicht stören.
Wie auf dem Arbeitsblatt erwähnt, baut die Wespe ihr Nest aus Papier. Es handelt sich dabei um eine papierähnliche Masse, die die Wespe erzeugt, indem sie Holzfasern verschiedenen Ursprungs einspeichelt. Als Hilfe zur Lösung der Aufgabe sollten den Schülern der Text von Seite 51 und/oder Sachbücher über Wespen zur Verfügung stehen, die sie nach Bedarf nutzen dürfen.

Schon gewusst?
Seite 54

Auf diesem Arbeitsblatt sind interessante Informationen über die Bienen und den Honig zusammengestellt, die nicht zum Grundwissen zählen. Das Blatt, das lediglich die Neugierde der Kinder auf das Thema wecken soll, kann zu Beginn der Einheit auf DIN-A3-Format vergrößert und als Plakat in die Klasse gehängt werden. Als Differenzierung können die Schüler aus diesen Informationen auch Rechengeschichten entwickeln.

Autsch!
Mich hat eine Biene gestochen!
Seite 55

Die Situation, die Nils erlebt hat, kennen vielleicht einige Kinder aus eigener Erfahrung. Das Arbeitsblatt gibt den Schülern wertvolle Tipps zur richtigen Entfernung des Stachels. Bevor sie die Aufgaben bearbeiten, sollten die Kinder auf jeden Fall die Gelegenheit haben, ihre womöglich negativen Erfahrungen mit Bienen zu schildern.
Um die erste Aufgabe zu lösen, müssen die Schüler sehr aufmerksam den Text lesen und die Bilder vergleichen, um sich die Antwort zu erschließen. Im vereinfachten Sachtext ist nur von der Giftblase am Stachel die Rede. Außerdem wird der Biene noch ein Nervenknoten herausgerissen, der die Stechtätigkeit regelt. Der Stechapparat arbeitet daher noch weiter und pumpt Gift in die Wunde, wenn der Stachel nicht sofort entfernt wird.
Bei der Beantwortung der Zusatzaufgabe müssen die Kinder auf Gelerntes und auf Erfahrungen aus dem Alltag zurückgreifen. Den harten Chitinpanzer haben die Schüler bereits bei einer toten Biene kennengelernt (Seite 12). Aus ihren Erfahrungen wissen sie, dass die Haut des Menschen elastisch ist. Die Tatsache, dass der Stachel kleine Widerhaken besitzt, haben sie auf diesem Arbeitsblatt erfahren. Wenn die Kinder dieses Wissen logisch miteinander verknüpfen, sind sie in der Lage, die Frage zu beantworten. Im Anschluss an das Arbeitsblatt könnten die Schüler in Gruppenarbeit diskutieren, wie Bienenstiche vermeidbar sind. Wenn einige Verhaltensregeln beachtet werden, sind die Bienen im Grunde friedfertig:

- sich ruhig bewegen und nicht nach den Bienen schlagen

- sich nicht in die Einflugschneise eines Bienenstocks stellen
- nicht bei schwüler Witterung in die Nähe eines Bienenstocks gehen
- den Summton der Bienen beachten: ein scharfer Ton signalisiert Angriffslust

Die meisten Bienenstiche entstehen dadurch, dass der Mensch nach den Bienen schlägt. Die Biene fühlt sich durch diesen Vorgang bedroht und sticht zu. Wenn sie sich auf die Kleidung setzt, tut sie das in friedlicher Absicht und fliegt nach einer Weile weiter. Setzt sie sich allerdings ins Haar, sticht sie instinktiv zu. Außerdem sind die Menschen unterschiedlich „anziehend" für die Bienen. Es wird vermutet, dass manche Ausdünstungen wie z. B. Schweiß oder Kosmetika die sehr empfindlichen Geruchsorgane der Biene reizen.

Wir basteln ein Bienenmobile

Seite 56

Es geht nicht darum, anatomisch korrekte Bienen zu basteln, sondern um die Freude am Basteln in Verbindung zum Thema. Einige Tipps zur Durchführung:
- Für die Flügel eignet sich am besten Bastelkrepp, weil es nicht so fest wie das Floristenkrepp und zudem günstiger ist.
- Als Fühler können die Kinder vier Plastikblütenstempel an den Kopf der Biene kleben. Sie lassen sich allerdings nicht gut befestigen und fallen schnell herunter.
- Aufgrund der handlichen Länge sind Zahnstocher als Holzspieße empfehlenswert.
- Für die Umwicklung des Bienenstocks wird eine Kordel mit einer Länge von etwa 5 Metern benötigt – je nachdem, welche Stärke die Kordel hat. Da Kordeln relativ teuer sind und für eine Klasse viele Meter benötigt werden, ist es ratsam, einen dicken Bindfaden zu verwenden.
- Die Länge des Drahtes richtet sich nach der Anzahl der gebastelten Bienen. Für 10 Bienen reicht eine Länge von ungefähr einem Meter.
- Um eine Spiralform des Drahtes zu erhalten, wird der Draht beispielsweise um eine Tasse oder einen Blumentopf gewickelt.

Bienen-Kreuzworträtsel

Seite 57

Im Kreuzworträtsel geht es hauptsächlich um Fachbegriffe zu den drei Bienenwesen, ihrer Behausung und um die Bestäubung. Der Einsatz eignet sich daher nur, wenn entsprechende Kapitel ausgewählt wurden. Je nach aktuellem Kenntnisstand können die Schüler das Rätsel bearbeiten. Die Umlaute „ä", „ö" und „ü" müssen in ihrer originalen Form eingetragen und nicht durch z. B. „ae" oder „oe" ersetzt werden.

Wespen: Häufig mit den Bienen verwechselt

Bienen und Wespen werden häufig miteinander verwechselt, weil sie sich auf den ersten Blick sehr ähnlich sehen. Betrachtest du beide Insekten genauer, kannst du einige Unterschiede erkennen:
Wespen haben einen gelb-schwarz gemusterten Körper, sind sehr schlank und kaum behaart. Der Körper der Bienen hingegen ist dunkelgelb-gestreift und an der Brust besonders stark behaart. Das sieht aus wie ein kleiner Pelzmantel.
Es gibt viele verschiedene Wespenarten. Die Wespen, die dich beim Eisschlecken oder Kuchenessen stören, sind die „Deutsche Wespe" und die „Gemeine Wespe". Sie mögen auch gerne Süßes.
Im Vergleich zu den Honigbienen ist die Lebensweise dieser Wespen anders:
Ihre Nester bauen sie aus einer papierähnlichen Masse. Dazu zerkauen sie Holzstückchen ganz fein und kleben sie aneinander. Meistens legen sie ihre Nester unter der Erde an, z. B. im Erdgang einer Maus.
Im Wespenstaat leben bis zu 5000 Tiere mit einer Königin, vielen Arbeiterinnen und Drohnen. Die Larven werden mit anderen toten Insekten ernährt.
Ein Wespenvolk lebt ein Jahr. Nur die zukünftigen und im Spätsommer begatteten Königinnen überwintern. Das alte Nest verlassen sie dann und bauen im nächsten Frühjahr ein neues.

Auf und davon –
Wenn die Bienen schwärmen

Im Frühjahr wird das Bienenvolk immer größer und der Platz im Stock immer kleiner. Die Bienen vermehren sich rasch, denn durch den Nektar der vielen blühenden Pflanzen haben sie reichlich Nahrung. Weil es im Bienenstock zu eng wird, wollen sich die Bienen eine neue Behausung suchen.

Im Mai bauen die Arbeiterinnen mehrere Weiselzellen und ziehen Königinnen heran. Bevor die neue junge Königin geschlüpft ist, verlässt die alte Königin mit der Hälfte des Volkes den Stock. In einer dichten Traube fliegt der Schwarm in die Lüfte und lässt sich am nächsten Baum nieder. Einige Bienen suchen inzwischen eine neue Wohnung, etwa eine Baumhöhle.

Der Imker muss nun schnell sein ausgeschwärmtes Volk einfangen, bevor es wegfliegt. Mit einem kleinen Besen schüttelt er den Schwarm in einen Korb und bringt ihn in einen leeren Bienenstock. Meistens aber verhindern die Imker das Ausschwärmen mit einem Trick.

1. Warum schwärmen die Bienen aus? _____

2. Wer verlässt den Stock? _____

3. Wie finden die Bienen eine neue Behausung? _____

4. Was macht der Imker, wenn sein Volk ausgeschwärmt ist? _____

Bienen und Wespen

Bienen	Wespen

Bienen und Wespen werden häufig miteinander verwechselt, weil sie sich sehr ähneln. Kennst du Unterschiede in ihrem Aussehen und auch in ihrer Lebensweise? Schneide die Kästchen aus, ordne sie in der Tabelle ein und klebe sie schließlich auf. Wenn du mehr Informationen über Wespen brauchst, dann hole dir Hilfe aus Büchern!

- sterben nicht, wenn sie dich stechen
- sterben; nur die Königinnen überwintern und bilden im Frühjahr einen neuen Staat
- überwintern
- haben einen gelb-schwarzen Körper
- ernähren ihre Larven mit Futtersaft, Honig und Pollen
- sind kaum behaart
- bauen ihre Nester aus Papier
- bauen Waben aus Wachs
- ernähren ihre Larven mit anderen Insekten
- sind behaart
- sterben, wenn sie dich stechen
- haben einen dunkelgelb-braunen Körper

Schon gewusst?

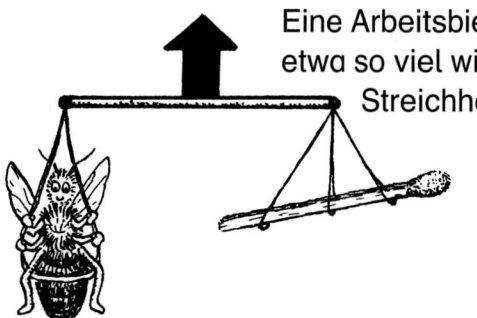
Eine Arbeitsbiene wiegt etwa so viel wie ein Streichholz.

Ein starkes Volk sendet pro Tag 10 000 bis 15 000 Bienen zur Nahrungssuche aus.

Für ein Glas Honig (500 g) müssen die Arbeitsbienen rund 40 000-mal ausfliegen und dabei 2 bis 7 Millionen Blüten besuchen. Um diese Menge einzusammeln, müsste eine Biene dreimal um die Erde fliegen.

Die Größe der Bienen:
Arbeiterin: 1,2 bis 1,4 cm
Königin: 1,5 bis 2,0 cm
Drohn: 1,5 bis 1,7 cm

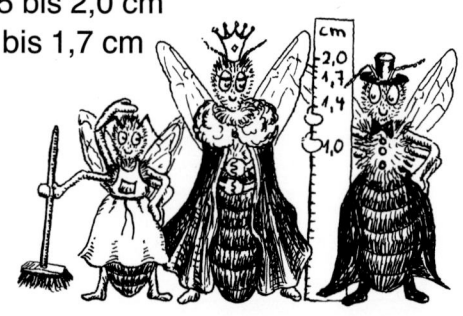
Für 1 kg Wachs müssen die Bienen rund 1 250 000 Wachsplättchen ausschwitzen.

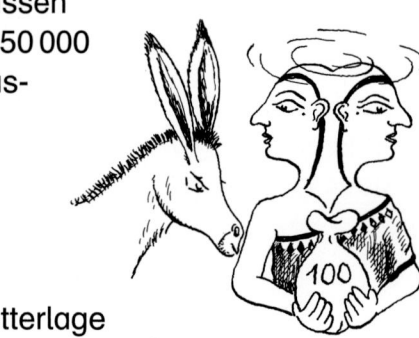
Im alten Ägypten kostete ein Topf Honig so viel wie ein Rind oder ein Esel.

Je nach Wetterlage fliegt die Sammlerin 2–30-mal am Tag aus.

Eine Königin legt im Jahr etwa 150 000 bis 200 000 Eier.

Eine Wabe, die selbst nur so viel wie ein gefüllter Jogurtbecher (150 g) wiegt, kann bis zu 4 kg Honig tragen.

Eine Arbeiterin fliegt in ihrem Leben rund 800 km.

Jedes Bienenvolk stellt im Sommer 60 bis 80 kg Honig her. Davon braucht es etwa 50 kg für sich selbst.

Autsch! Mich hat eine Biene gestochen!

Autsch! Das tat weh! Eine Biene hat Nils in den Arm gestochen. Weil der Stachel kleine Widerhaken hat, konnte ihn die Biene nicht mehr aus der Haut ziehen. Deshalb wurde ihr beim Wegfliegen der Stachel samt Giftblase aus dem Körper gerissen. An dieser Verletzung wird die Biene sterben. Nils muss jetzt den Stachel sofort entfernen, damit kein Gift mehr in die Wunde gelangt. Dabei ist es sehr wichtig, wie der Stachel entfernt wird.

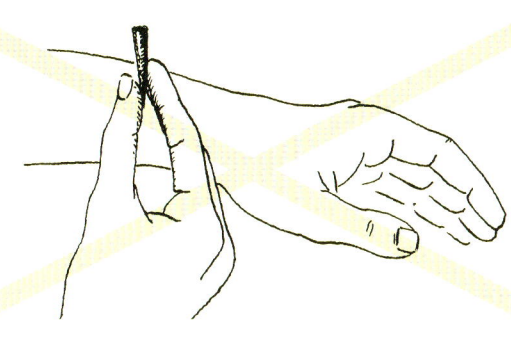

Nils darf den Stachel **nicht** mit Daumen und Zeigefinger herausziehen wie auf diesem Bild.

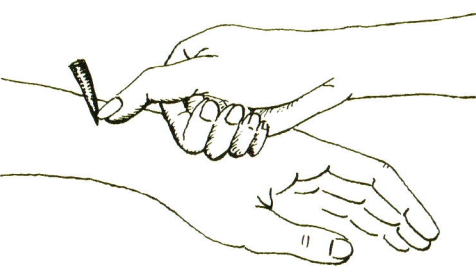

Er muss ihn mit dem Daumennagel oder einer Nagelfeile herauskratzen.

1. Kannst du erläutern, warum Nils den Stachel herauskratzen, aber nicht herausziehen darf?

   _____
   _____

2. Kennst du ein Hausmittel gegen den schmerzenden Insektenstich?

   _____
   _____

 Nach einem Stich in die menschliche Haut muss die Biene sterben. Wenn sie aber ein anderes Insekt sticht, passiert ihr überhaupt nichts. Wieso?

Tipp: Überlege, welche Unterschiede es zwischen der menschlichen Haut und dem Chitinpanzer der Insekten gibt!

55

Wir basteln ein Bienenmobile

Du benötigst:

- gelbe und braune Pfeifenreiniger
- gelbes Krepppapier
- Zahnstocher
- dicke Kordel
- braunen Bastelkarton
- Faden
- stabilen Silberdraht
- Toilettenpapierrolle

1. Für jede Biene benötigst du ein 16 cm langes Stück braunen und ein ebenso langes Stück gelben Pfeifenreiniger. Du legst die Stücke nebeneinander und wickelst sie etwa bis zur Hälfte um den Holzspieß.

2. Dann legst du zwei 10 cm lange Kreppstücke vor die beiden Pfeifenreiniger. Du befestigst das Krepppapier, indem du die Pfeifenreiniger weiter um den Holzspieß wickelst.

3. Du schneidest das Krepppapier an den Enden rund. Wenn du möchtest, kannst du Bastelblütenstempel als Fühler auf den Bienenkopf kleben.

4. Für den Bienenkorb schneidest du die Papprolle mehrmals etwa 2 cm tief ein. Den Rand biegst du nach innen.

5. Klebe die dicke Kordel fest. Du beginnst an der Korbspitze und klebst langsam hinunter. Nach drei Runden wartest du, damit der Klebstoff trocknet. Das Mittelstück wickelst du ohne Klebstoff weiter. Am unteren Rand klebst du die Kordel wieder an.

6. Die Tür des Bienenstocks schneidest du aus dem Bastelkarton aus und klebst sie auf. Zum Schluss wird das Mobile an einer Silberdrahtspirale aufgehängt.

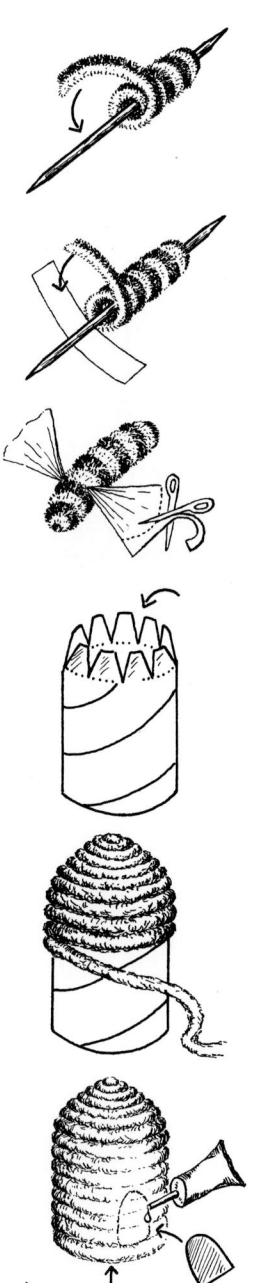

Bienen-Kreuzworträtsel

1. Mutter des Volkes
2. männliche Biene
3. Die ... hat viele Aufgaben zu erledigen.
4. Behausung der Bienen
5. sechseckige Kammer
6. Zelle der Königin
7. Beim Wabenbauen bilden die Bienen eine ...
8. Die ... besteht aus vielen tausend Zellen.
9. Material der Wabe
10. Schutzwaffe der Bienen
11. Zuckersaft der Blüte
12. Im ... sammelt die Biene den Nektar.
13. Pollenklümpchen
14. Aus Nektar wird ...
15. Verständigungsmittel

Steckbrief der Biene

2. Kopf, Brust, Hinterleib, Augen, Fühler, sechs Beine, vier Flügel, behaart, braun-dunkelgelber Körper

3. Hummeln, Wespen, Hornissen, Termiten, Ameisen, Haustliegen, Mücken, Schnaken, Flöhe, Läuse, Schmetterlinge …

4. Der Körper der Insekten ist in drei scharf eingeschnittene Teile gegliedert: Kopf, Brust, Hinterleib. Die starre Körperhülle besteht aus Chitin, das ihnen Form und Halt gibt, denn Insekten haben keine Knochen. Insekten haben meistens zwei Flügelpaare sowie sechs Beine, zwei Fühler und die so genannten Facettenaugen. Ein Facettenauge besteht aus ganz vielen einzelnen Augen.

Insekten entwickeln sich meistens wie folgt: Ei, Larve, Puppe, fertiges Insekt. Manche Insekten, wie die Termiten, lassen die Verwandlung zur Puppe aus.

Das Bienenvolk

	Drohn	Königin	Arbeiterin
Körper- merkmale	– breiter Hinterleib – große Augen – Flügel ragen über Körper hinaus	– langer, schlanker Körper	– klein – schmaler Körper
Aufgaben	begatten die Königin	Eierlegen	haben viele Aufgaben, z. B. Pflege der Brut
Anzahl	ca. 2000	1	ca. 50 000

Der Körperbau der Biene

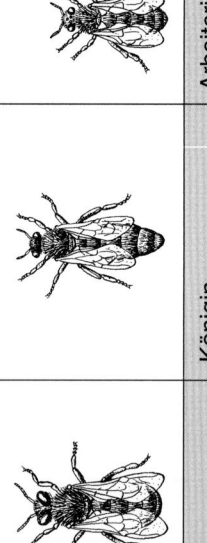

Brust, Kopf, Facettenauge, Fühler, Saugrüssel, Flügel, Hinterleib, Haare, drei Beinpaare

Die Wohnung der Bienen

Bevor die Menschen die Bienen in Pflege nahmen, haben die Bienen wild gelebt. Sie wohnten in hohlen Bäumen, wo sie durch ein enges Flugloch ein- und ausflogen. Früher raubten die Menschen den Bienen in den Wäldern ihren Honig, ohne sich um den Fortbestand dieser Insekten zu kümmern. Das änderte sich gründlich, als die Imkerei aufkam:
In manchen Gegenden wurden die Bienen weiter im Wald gehalten oder aber am Haus und auf dem Land in beweglichen Behältern, z. B. in Körben. Die Strohkörbe findet man noch heute in der Lüneburger Heide. Um 1850 wurde der Bienenkasten erfunden, dessen Hinterwand oder Deckel man abnehmen kann, um leichter an die Waben zu gelangen.

Die Königin ist die Mutter des Volkes

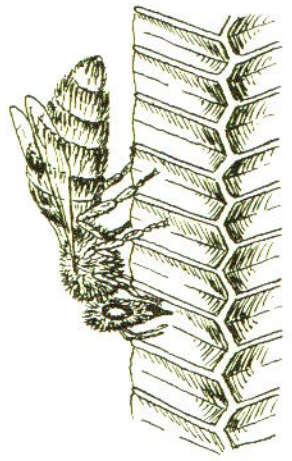

Die Königin steckt ihren Kopf in eine Zelle und prüft, ob diese leer und sauber ist.

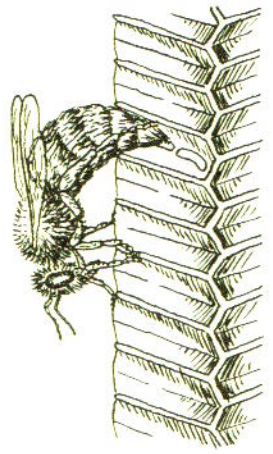

Die Königin senkt ihren Hinterleib in die Zelle und legt ein Ei.

In 21 Tagen vom Ei zur Arbeiterin

Bild	Bezeichnung
	Ei
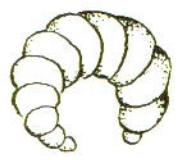	Larve
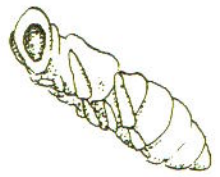	Puppe
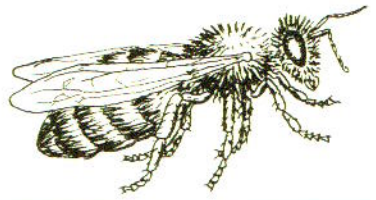	Insekt

Wenn das Küken aus dem Ei schlüpft, ähnelt es seinen Eltern und muss nur noch wachsen. Die Biene aber durchläuft mehrere Entwicklungsstufen. Sie schlüpft aus dem Ei nicht als fertige Biene, sondern ist zunächst eine Larve. Dann entwickelt sie sich zur Puppe und schließlich kriecht sie als fertiges Insekt aus der Zelle. Sie kann dann nicht mehr weiter wachsen wie das Küken.

Vom Ei zur Biene

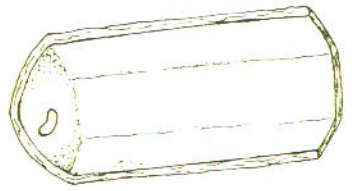

Ei

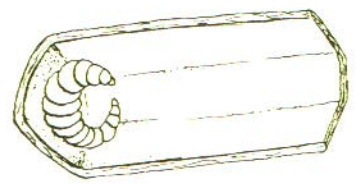

Larve

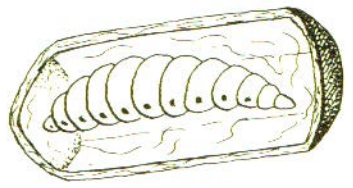

Larve, die Fäden um sich herum spinnt

Puppe

schlüpfendes Insekt, die Biene

So entsteht die Königin

1. Weiselwiege
2. Die Larve der Königin bekommt während ihrer ganzen Entwicklung einen guten Futtersaft mit einem bestimmten Wirkstoff und viel Zucker. Die anderen Larven erhalten nur drei Tage lang gewöhnlichen Futtersaft und werden dann mit Honig und Pollen gefüttert.
3. Die Königin, die zuerst geschlüpft ist, eilt zu ihren Schwestern und tötet sie mit ihrem Giftstachel.

Die Arbeiterinnen züchten vorsichtshalber immer mehrere Königinnen heran. Falls einer Larve etwas zustoßen sollte, hat das Volk noch „Ersatz".

Die Arbeiterin hat viel zu tun

1. Putzbiene
2. Futterbiene
3. Baubiene
4. Wächterbiene
5. Sammelbiene

Der Lebenslauf der Arbeitsbiene

1. bis 2. Tag: Nach dem Schlüpfen putzt sich die Arbeiterin, dann ihre Zelle und anschließend die benachbarten Zellen.

3. bis 11. Tag: Ab dem dritten Tag füttert sie zunächst die älteren Larven mit Pollen und Honig. Ein paar Tage später füttert sie die jüngeren Larven mit Futtersaft.

12. bis 17. Tag: Wenn die Arbeiterin im Alter von etwa zwei Wochen Wachs herstellen kann, baut sie Waben.

18. bis 21. Tag: Sobald sich ihre Giftblase gefüllt hat, passt sie als Wächterbiene vor dem Flugloch auf. Eindringlinge vertreibt sie mit ihrem Giftstachel.

ab dem 22. Tag: Im Alter von etwa drei Wochen fliegt sie aus, um Nektar und Pollen für ihr Volk zu sammeln.

Wie alt werden Bienen?

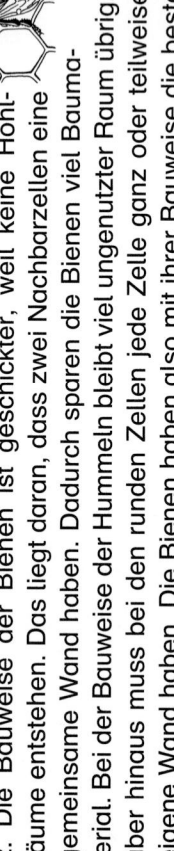

Frage 1: Wie alt werden die Frühlings- und Sommerbienen?
Frage 2: Warum sterben manche Bienen schon eher?
Frage 3: Wann leben die Drohnen?
Frage 4: Warum werden die Drohnen vertrieben?
Frage 5: Wie alt wird die Königin?

Die im Herbst geborenen Bienen werden mehrere Monate alt und überleben den Winter, weil sie sozusagen „Urlaub" haben. Sie sparen viele Kräfte, denn Nektar können sie jetzt nicht mehr sammeln, und von ihren Vorräten leben sie gut. Außerdem gibt es im Winter keine Brut, die sie pflegen müssten. Wenn die Königin im Frühjahr wieder mit der Eiablage beginnt, dann erfüllen auch die Arbeiterinnen wieder ihre Aufgabe als Brutbienen.

Biene oder Hummel – Wer baut geschickter?

2. Die Bauweise der Bienen ist geschickter, weil keine Hohlräume entstehen. Das liegt daran, dass zwei Nachbarzellen eine gemeinsame Wand haben. Dadurch sparen die Bienen viel Baumaterial. Bei der Bauweise der Hummeln bleibt viel ungenutzter Raum übrig. Darüber hinaus muss bei den runden Zellen jede Zelle ganz oder teilweise ihre eigene Wand haben. Die Bienen haben also mit ihrer Bauweise die beste und sparsamste Form gefunden, die möglich ist.

Hummeln
– ein bis drei cm großer, plumper Körper
– Körper ist pelzig, schwarz-gelb und auch weiß behaart
– im Volk leben 100 bis 500 Hummeln
– Nester werden in Erdhöhlungen, unter Wurzeln oder in alten Vogelnestern angelegt.

Die Höschen der Bienen

1. Sie bürstet den Blütenstaub mit ihren Hinterbeinen aus ihren Haaren. Dann schiebt sie ihn in kleine Vertiefungen an den Hinterbeinen.
2. Sie sammelt ihn in den Körbchen.
3. Höschen

- 50 000 Höschenpaare sind 100 000 einzelne Höschen. Damit 2 Kilogramm Pollen zusammenkommen, brauchen die Bienen 200 000 einzelne Höschen (100 000 mal 2).
- Zwei Kilogramm Pollen bringen die Bienen in 5000 Zellen unter.

Was haben die Pflanzen von den Bienen?

1. Die Biene überträgt den Pollen von der ersten Pflanze A auf die Narbe der zweiten Pflanze B.
2. Wenn die Biene die Blüten besucht, bleibt immer etwas Pollen in ihren Haaren haften. Besucht sie die nächste Blüte, so gelangen dabei einige Pollenkörner auf die klebrige Narbe. Die Biene hat damit die Blüte bestäubt.

- Der Ast trug keine Äpfel, weil die Biene ihn nicht befliegen und somit auch nicht bestäuben konnte.
- Obstbauern möchten natürlich gerne viel Obst verkaufen. Durch viele Bienen, die die Blüten bestäuben und dadurch zu ihrer Befruchtung beitragen, lässt sich der Ertrag der Obsternte steigern. Deshalb zahlen die Obstbauern den Imkern Geld, damit sie ihre Bienenstöcke an den Obstwiesen aufstellen.

So bauen die Bienen Waben

Mögliche Fragen:
– Bei welcher Außentemperatur beginnen die Bienen Waben zu bauen?
– Aus welchem Material werden die Waben gebaut?
– Was ist eine Bautraube?
– Werden die Waben beidseitig oder nur auf einer Seite mit Zellen bebaut?
– Aus wie vielen Zellen besteht eine Wabe?
– Was macht die Biene mit dem Wachs?
– Welche Form haben die Zellen?
– Wie nimmt die Biene das Wachs vom Hinterleib ab?
– Was macht die Biene mit dem Wachs?

Sie bauen die Zellen leicht schräg nach oben, damit der Honig nicht herausfließen kann.

Von Blüte zu Blüte

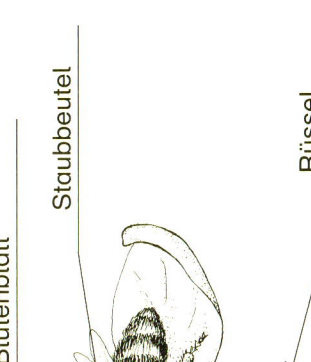

- Narbe
- Blütenblatt
- Staubbeutel
- Kelchblatt
- Rüssel
- Fruchtknoten
- Nektar

Aus Nektar wird Honig

1. Die Bienen machen den Honig aus dem Nektar.
2. Zunächst reichen sich die Stockbienen den Nektar von Mund zu Mund weiter und fügen Körpersäfte hinzu.
3. Dabei verdunstet viel Wasser im warmen Stock.
4. Schließlich wird der so entstandene Honig in den Zellen eingelagert.
5. Weil er noch zu dünnflüssig ist, fächeln die Bienen mit ihren Flügeln, damit noch mehr Wasser verdunstet.
6. Dann verdeckeln sie die Zellen.
7. Nun ist der Honig reif und der Imker kann ihn mit einer Honigschleuder aus den Waben schleudern.

 Der Imker nimmt den Bienen nicht den ganzen Honig weg, sondern lässt ihnen etwas für ihre eigene Ernährung übrig. Im Winter gibt er ihnen Zuckerwasser als Nahrung.

Wir testen Honigsorten

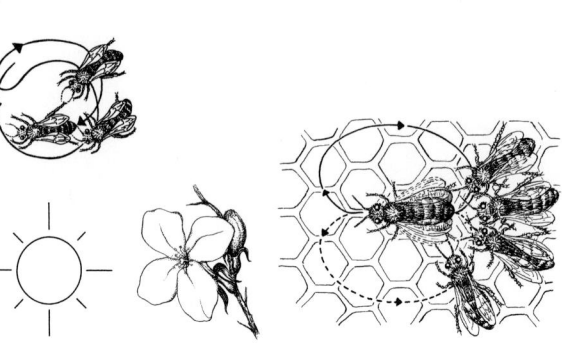

Vorschläge zu den Honigsorten:
- Rapshonig
- Löwenzahnhonig
- Akazienhonig
- Heidehonig
- Waldhonig
- ...

Folgende Merkmale können zum Beispiel untersucht werden:
Farbe (von weißlich über gelb bis bräunlich)
Geschmack (mild, herb, süß, würzig)
Festigkeit (streichfähig, fest, flüssig)
Geruch (blumig, streng, geruchslos)

Wie Bienen sich verständigen – Der Rundtanz

1. Sie läuft auf der Wabe im Kreis herum und ändert dabei häufig die Richtung.
2. Sie folgen der Tänzerin, beriechen und betasten sie mit ihren Fühlern.
3. Der Rundtanz zeigt an, dass sich die Nahrung in der Nähe des Stockes befindet. Die Bienen müssen rund um den Bienenstock bis etwa 100 Meter Entfernung suchen.

Wie Bienen sich verständigen – Der Schwänzeltanz

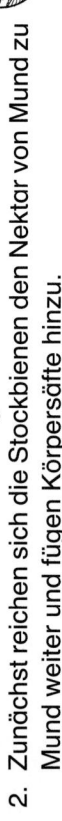

1. Die Mittellinie zeigt an, in welcher Richtung sich die Futterquelle befindet. Wenn also die Biene auf der Mittellinie von unten nach oben läuft, dann liegt die Futterstelle genau in Richtung der Sonne. Läuft die Biene von oben nach unten, befindet sich das Futter entgegengesetzt von der Sonne.
2. Die Abbildung zeigt eine Biene, die auf der Mittellinie von unten nach oben tanzt. Die anderen Bienen müssen also in Richtung der Sonne nach dem Futter suchen.

Honig – Speise der Götter

- Wird der Honig über 40 Grad Celsius erwärmt, so werden wertvolle Inhaltsstoffe zerstört.

- Honig ist gut verdaulich, spendet Energie und enthält viele Nährstoffe. Das ist bewiesen. Imker loben den hohen Wert des Honigs, der nach ihrer Meinung gut fürs Blut, Herz, die Nerven und Muskeln sein soll. Ernährungsexperten meinen aber, dass die Menge der Nährstoffe viel zu gering ist für eine ausreichende Versorgung unseres Körpers. Manche behaupten sogar, dass der Honig genauso schadhaft für unsere Zähne ist wie der Zucker. Du musst dir also deine eigene Meinung bilden. Zumindest ist der Honig ein natürliches Lebensmittel und gesünder als der Industriezucker, der durch seine Verarbeitung keine Nährstoffe mehr hat.

Bienen und Wespen

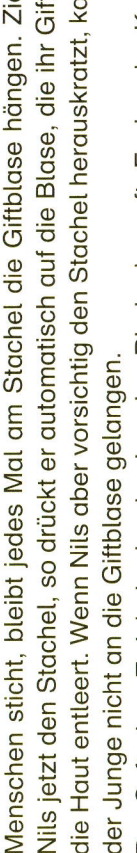

Bienen	Wespen
haben einen dunkelgelb-braunen Körper	haben einen gelb-schwarzen Körper
sind behaart	sind kaum behaart
bauen Waben aus Wachs	bauen ihre Nester aus Papier
überwintern	sterben; nur die Königinnen überwintern und bilden im Frühjahr einen neuen Staat
ernähren ihre Larven mit Futtersaft, Honig und Pollen	ernähren ihre Larven mit anderen Insekten
sterben, wenn sie dich stechen	sterben nicht, wenn sie dich stechen

Auf und davon – Wenn die Bienen schwärmen

1. Im Frühjahr finden die Bienen viel Nahrung, sodass das Volk sich schnell vermehrt. Im Bienenstock ist dann zu wenig Platz und die Bienen wollen sich deshalb eine neue Behausung suchen.
2. Die alte Königin verlässt mit der Hälfte des Volkes den Bienenstock.
3. Nachdem sich der Schwarm am nächsten Baum niedergelassen hat, suchen ein paar Bienen in der Zwischenzeit eine neue Wohnung.
4. Der Imker schüttelt mit einem kleinen Besen das ausgeschwärmte Volk in einen Korb und bringt es dann in einen leeren Bienenstock.

Autsch! Mich hat eine Biene gestochen!

1. Nils darf den Stachel nicht herausziehen, weil sonst das Gift in die Wunde hineingedrückt wird. Wenn die Biene einen Menschen sticht, bleibt jedes Mal am Stachel die Giftblase hängen. Zieht Nils jetzt den Stachel, so drückt er automatisch auf die Blase, die ihr Gift in die Haut entleert. Wenn Nils aber vorsichtig den Stachel herauskratzt, kann der Junge nicht an die Giftblase gelangen.
2. Der Saft einer Zwiebel oder des Lauchs, Rhabarbersaft, Essig oder Kernseife sollen den Schmerz lindern.

- Die Biene kann den Stachel aus der menschlichen Haut nicht herausziehen, weil die Widerhaken am Stachel in der weichen und elastischen Haut hängen bleiben. Wenn die Biene ein anderes Insekt sticht, passiert nichts, weil sie ihren Stachel leicht aus dem harten und spröden Chitinpanzer herausziehen kann.

Das Bienen-Kreuzworträtsel

Literatur

Frisch, Karl von: Aus dem Leben der Bienen. Berlin, Heidelberg 1993
Geck, Martin u. a.: ABC-Tierlieder zum Mitmachen. Berlin 1997
Guggenmos, Josef: Was denkt die Maus am Donnerstag? Weinheim, Basel 2001
Portmann, Rosemarie und Elisabeth Schneider: Spiele zur Entspannung und Konzentration, München 15. Auflage, 2004
Rood, Ronald N.: Bienen, Wespen, Ameisen. Was ist Was? Bd. 19, Nürnberg 2004
Spitta, Gudrun: Schreibkonferenzen in Klasse 3 und 4. Frankfurt a. Main 1992
Starosta, Paul: Die Biene. Esslingen, Veränderte Neuauflage, 2008
Weiner, Wolfgang: Tiere auf der Wiese. Donauwörth, 2012

Weitere Informationen über Bienen können Sie auch erhalten bei:

Deutscher Imkerbund e. V. · Villiper Hauptstraße 3 · 53343 Wachtberg · Telefon: 02 28/9 32 92-0 · deutscherimkerbund@t-online.de · www.deutscherimkerbund.de